用于国家职业技能鉴定
国家职业资格培训教程

YONGYU GUOJIA ZHIYE JINENG JIANDING

GUOJIA ZHIYE ZIGE PEIXUN JIAOCHENG

U0801888

快递业务员

（基础知识）

主　编　张健雄
编　者　张健雄　郝晓东　盛　凯　张鹏利
审　稿　沈舜伯

中国劳动社会保障出版社

图书在版编目(CIP)数据

快递业务员：基础知识/人力资源和社会保障部教材办公室组织编写. —北京：中国劳动社会保障出版社，2010

国家职业资格培训教程

ISBN 978-7-5045-8348-2

Ⅰ.①快…　Ⅱ.①人…　Ⅲ.①邮件投递-技术培训-教材　Ⅳ.①F618.1

中国版本图书馆 CIP 数据核字(2010)第 090513 号

中国劳动社会保障出版社出版发行

(北京市惠新东街 1 号　邮政编码：100029)

出 版 人：张梦欣

*

三河市华骏印务包装有限公司印刷装订　新华书店经销

787 毫米×1092 毫米　16 开本　8.75 印张　189 千字

2010 年 5 月第 1 版　2023 年 6 月第 13 次印刷

定价：17.00 元

营销中心电话：400-606-6496

出版社网址：http: // www.class.com.cn

内容简介

本教材由人力资源和社会保障部教材办公室组织编写。教材以《国家职业技能标准·快递业务员（试行）》为依据，紧紧围绕“以企业需求为导向，以职业能力为核心”的编写理念，力求突出职业技能培训特色，满足职业技能培训与鉴定考核的需要。

本教材详细介绍了各级别快递业务员应掌握的基础知识，涉及快递职业道德、快递服务概述、快递业务基础知识、快递服务礼仪、安全知识、快递服务地理、计算机知识、其他相关知识、相关法律及法规等内容。

本教材是各级别快递业务员职业技能培训与鉴定考核用书，也可供相关人员参加就业培训、岗位培训使用。

前　言

1994 年以来，原劳动和社会保障部职业技能鉴定中心、教材办公室和中国劳动社会保障出版社组织有关方面专家，依据《中华人民共和国职业技能鉴定规范》，编写出版了职业技能鉴定教材及其配套的职业技能鉴定指导 200 余种，作为考前培训的权威性教材，受到全国各级培训、鉴定机构的欢迎，有力地推动了职业技能鉴定工作的开展。

原劳动保障部从 2000 年开始陆续制定并颁布了国家职业标准。同时，社会经济、技术不断发展，企业对劳动力素质提出了更高的要求。为了适应新形势，为各级培训、鉴定部门和广大受培训者提供优质服务，人力资源和社会保障部教材办公室组织有关专家、技术人员和职业培训教学管理人员、教师，依据国家职业标准和企业对各类技能人才的需求，研发了职业技能培训鉴定教材。

新编写的教材具有以下主要特点：

在编写原则上，突出以职业能力为核心。教材编写贯穿“以职业标准为依据，以企业需求为导向，以职业能力为核心”的理念，依据国家职业标准，结合企业实际，反映岗位需求，突出新知识、新技术、新工艺、新方法，注重职业能力培养。凡是职业岗位工作中要求掌握的知识和技能，均作详细介绍。

在使用功能上，注重服务于培训和鉴定。根据职业发展的实际情况和培训需求，教材力求体现职业培训的规律，反映职业技能鉴定考核的基本要求，满足培训对象参加各级各类鉴定考试的需要。

在编写模式上，采用分级模块化编写。纵向上，教材按照国家职业资格等级单独成册，各等级合理衔接、步步提升，为技能人才培养搭建科学的阶梯型培训架构。横向上，教材按照职业功能分模块展开，安排足量、适用的内容，贴近生产实际，贴近培训对象需要，贴近市场需求。

在内容安排上，增强教材的可读性。为便于培训、鉴定部门在有限的时间内把最重要的知识和技能传授给培训对象，同时也便于培训对象迅速抓住重点，提高学习效率，在教材中精心设置了“培训目标”等栏目，以提示应该达到的目标，需要掌握的重点、难点、鉴定点和有关的扩展知识。

本书在编写过程中得到西安邮电学院的大力支持和热情帮助，在此一并致以诚挚的谢意。

编写教材有相当的难度，是一项探索性工作。由于时间仓促，不足之处在所难免，恳切希望各使用单位和个人对教材提出宝贵意见，以便修订时加以完善。

人力资源和社会保障部教材办公室

目录

第1单元

快递职业道德

本单元主要对道德的定义、职业道德的内涵，基本要素及特征进行介绍。

第一节　道德

培训目标

→了解道德的定义

道德是一个庞大的体系，职业道德是这个庞大体系中的一个重要组成部分，也是劳动者素质结构中的重要组成部分，职业道德与劳动者素质之间关系紧密。加强职业道德建设，有利于促进良好社会风气的形成，增强人们的社会公德意识。同样，人们社会公德意识的增强，又能进一步促进职业道德建设，引导从业员工的思想和行为朝着正确的方向前进，促进社会文明水平的全面提高。

马克思主义伦理学认为：道德是人类社会特有的，由社会经济关系决定的，依靠内心信念和社会舆论、风俗习惯等方式来调整人与人之间、个人与社会之间以及人与自然之间关系的特殊行为规范的总和。

道德包含了三层含义。第一，一个社会的道德的性质、内容，是由社会生产方式、经济关系（即物质利益关系）决定的；也就是说，有什么样的生产方式、经济关系，就有什么样的道德体系。第二，道德是以善与恶、好与坏、偏私与公正等作为标准来调整人们之间的行为的。一方面，道德作为标准，影响着人们的价值取向和行为模式；另一方面，道德也是人们对行为选择、关系调整做出善恶判断的评价标准。第三，道德不是由专门的机构来制定和强制执行的，而是依靠社会舆论和人们的内心信念、传统思想和教育的力量来调节的。根据马克思主义理论，道德属于社会上层建筑领域，是一种特殊的社会现象。

根据道德的表现形式，通常人们把道德分为家庭美德、社会公德和职业道德三大领域。作为从事社会某一特定职业的从业者，要结合自身实际，加强职业道德修养，负担职业道德责任。同时，作为社会和家庭的重要成员，从业人员也要加强社会公德、家庭美德修养，负担起自己应尽的社会责任和家庭责任。

第二节　职业道德

培训目标

→熟悉职业道德的内涵

→掌握职业道德的基本要素及特征

一、职业道德的内涵

职业道德是从事一定职业的人们在职业活动中应该遵循的，依靠社会舆论、传统习惯和内心信念来维持的行为规范的总和。它调节从业人员与服务对象、从业人员之间、从业人员与职业之间的关系。它是职业或行业范围内的特殊要求，是社会道德在职业领域的具体体现。

二、职业道德的基本要素

1. 职业理想

职业理想指人们对职业活动目标的追求和向往，是人们的世界观、人生观、价值观在职业活动中的集中体现。它是形成职业态度的基础，是实现职业目标的精神动力。

2. 职业态度

职业态度是人们在一定社会环境的影响下，通过职业活动和自身体验所形成的、对岗位工作的一种相对稳定的劳动态度和心理倾向。它是从业者精神境界、职业道德素质和劳动态度的重要体现。

3. 职业义务

职业义务是人们在职业活动中自觉地履行对他人、社会应尽的职业责任。我国的每一个从业者都有维护国家、集体利益，为人民服务的职业义务。

4. 职业纪律

职业纪律是从业者在岗位工作中必须遵守的规章、制度、条例等职业行为规范。例如，国家公务员必须廉洁奉公、甘当公仆，公安、司法人员必须秉公执法、铁面无私等。这些规定和纪律要求，都是从业者做好本职工作的必要条件。

5. 职业良心

职业良心是从业者在履行职业义务中所形成的对职业责任的自觉意识和自我评价活动。人们所从事的职业和岗位的不同，其职业良心的表现形式也往往不同。例如，商业人员的职业良心是“诚实无欺”，医生的职业良心是“治病救人”，从业人员能做到这些，良心就会得到安宁；反之，内心则会产生不安和愧疚感。

6. 职业荣誉

职业荣誉是指社会对从业者职业道德活动的价值所做出的褒奖和肯定评价，以及从业者在主观认识上对自己职业道德活动的一种自尊、自爱的荣辱意向。当一个从业者职业行为的社会价值赢得社会公认时，就会由此产生荣誉感；反之，就会产生耻辱感。

7. 职业作风

职业作风是从业者在职业活动中表现出来的相对稳定的工作态度和职业风范。从业者在职业岗位中表现出来的尽职尽责、诚实守信、奋力拼搏、艰苦奋斗的作风等，都属于职业作风。职业作风是一种无形的精神力量，对其所从事事业的成功具有重要作用。

三、职业道德的特征

职业道德作为职业行为的准则之一，与其他职业行为准则相比，体现出以下六个特征。

1. 鲜明的行业性

行业之间存在差异，各行各业都有特殊的道德要求。例如，商业领域对从业者的道德要求是“买卖公平，童叟无欺”，会计行业的职业道德要求是“不做假账”，驾驶员的职业道德要求是“遵守交规、文明行车”等。这些都是职业道德行业性特征的表现。

2. 适用范围的有限性

一方面，职业道德一般只适用于从业人员的岗位活动；另一方面，不同的职业道德之间也有共同的特征和要求，存在共通的内容，如敬业、诚信、互助等，但在某一特定行业和具体的岗位上，必须有与该行业、该岗位相适应的具体的职业道德规范。这些特定的规范只在特定的职业范围内起作用，只能对从事该行业和该岗位的从业人员具有指导和规范作用，而不能对其他行业和岗位的从业人员起作用。例如，律师的职业道德要求他们对其当事人必须努力进行辩护，而警察则要尽力去搜寻犯罪嫌疑人的犯罪证据。可见，职业道德的适用范围不是普遍的，而是特定的、有限的。

3. 表现形式的多样性

职业领域的多样性决定了职业道德表现形式的多样性。随着社会经济的高速发展，社会分工将越来越细、越来越专，职业道德的内容也必然千差万别；各行各业为适应本行业的行业公约、规章制度、员工守则、岗位职责等要求，都会将职业道德的基本要求规范化、具体化，使职业道德的具体规范和要求呈现出多样性。

4. 一定的强制性

职业道德除了通过社会舆论和从业人员的内心信念来对其职业行为进行调节外，它与职业责任和职业纪律也紧密相连。职业纪律属于职业道德的范畴，当从业人员违反了具有一定法律效力的职业章程、职业合同、职业责任和操作规程，并给企业和社会带来损失和危害时，职业道德就将用其具体的评价标准，对违规者进行处罚，轻则受到经济和纪律处罚，重则移交司法机关，由法律来进行制裁。这就是职业道德强制性的表现所在。但在这里需要注意的是，职业道德本身并不存在强制性，而是其总体要求与职业纪律、行业法规具有重叠内容，一旦从业人员违背了这些纪律和法规，除了受到职业道德的谴责外，还要受到纪律和法律的处罚。

5. 相对稳定性

职业一般处于相对稳定的状态，决定了反映职业要求的职业道德必然处于相对稳定的状态。例如，商业行业“童叟无欺”的职业道德、医务行业“救死扶伤、治病救人”的职业道德等，千百年来为从事相关行业的人们所传承和遵守。

6. 利益相关性

职业道德与物质利益具有一定的关联性。利益是道德的基础，各种职业道德规范及表现状况，关系到从业人员的利益。对于爱岗敬业的员工，单位不仅应该给予精神方面的鼓励，也应该给予物质方面的褒奖；相反，违背职业道德、漠视工作的员工则会受到批评，严重者还会受到纪律的处罚。一般情况下，当企业将职业道德规范，如爱岗敬业、诚实守信、团结互助、勤劳节俭等纳入企业管理时，都要将它与自身的行业特点、要求紧密结合在一起，变成更加具体、明确、严格的岗位责任或岗位要求，并制定出相应的奖励和处罚措施，与从业人员的物质利益挂钩，强调责、权、利的有机统一，便于监督、检查、评估，以促进从业人员更好地履行自己的职业责任和义务。

第三节 快递业务员职业守则

培训目标

→了解快递行业职业道德的特点

→掌握快递业务员职业守则的内容

快递职业道德是指快递业务员在日常工作生活中应该遵循的职业义务、职业责任、职业行为的道德准则和行为规范的总和，这不仅代表整个社会文明进步的形象，更代表着一个行业和企业的形象。

一、快递行业职业道德的特点

第一，快递行业是社会主义道德体系的组成部分，它突出反映了社会主义的服务性质。

第二，快递行业的职业道德反映了“为人民服务”原则，是以“迅速、准确、安全、方便”为服务宗旨和服务方针的。

第三，快递行业的职业道德关系到社会的安全与人民群众的生命财产安全保障。

二、快递业务员职业守则的内容

根据相关规定，快递业务员职业守则主要包括以下六个方面内容：

遵纪守法，诚实守信；

爱岗敬业，勤奋务实；

团结协作，准确快速；

保守秘密，确保安全；

衣着整洁，文明礼貌；

热情服务，奉献社会。

第2单元

快递服务概述

本单元主要对快递服务的相关内容进行概述，涉及快递服务的定义与特点、快递的产生与发展、快递业与物流业的不同、快递的流程与具体要求。

第一节 快递服务的定义与特点

培训目标 → 掌握快递服务的定义与特点

一、快递服务的定义

按照2008年国家邮政局颁布的《快递市场管理办法》中的规定，快递服务是快速收寄、分发、运输、投递（派送）单独封装、具有名址的信件和包裹等物品，以及其他不需储存的物品，按照承诺时限递送到收件人或指定地点，并获得签收的速递服务。

二、快递服务的特点

快递业在诸多方面与传统的航空货运业务、邮政运送业务有相似之处，运输都是它们的核心功能和中心环节，但作为一项专门的业务它又有其独特之处，主要表现在四个方面。

1. 业务范围不同

快递业务的收件范围主要有文件和包裹两大类。文件主要是指商业文件和各种印刷品，包裹一般要求毛重不超过32千克（含32千克）或外包装单边不超过102厘米，三边相加不超过175厘米。近年来，随着运输行业竞争更加激烈，快递公司为吸引更多的客户，对包裹大小的要求趋于放松。传统的航空货运业务以贸易货物为主，航空货运规定每件货物体积不得小于5厘米×10厘米×20厘米。邮政业务以私人信函为主要业务对象，要求包裹每件重量不超过20千克，长度不超过1米。

可见，快递业务以承接小件货物快速运送为主，是小件物品运送业务里的高端服务。同时，快递对时间的要求和服务过程的一体化使快递公司的服务有别于其他方式。

2. 经营者内部的组织形式不同

邮政运输的传统操作理论是接力式传送，而快递公司则大多都采用中心分拨理论或转盘分拨理论组织起全球的网络。

简单来讲，就是快递公司根据自己业务的实际情况在中心地区设立分拨中心；各地收集起来的快件，按所到地区分拨完毕，装上飞机；当晚各地飞机飞到分拨中心，各自交换快件后飞回；次日，快件再由各地分公司用汽车送到收件人办公桌上。这种方式看上去似乎不太合理，但由于中心分拨理论减少了中间环节，快件的流向简单清楚，减少了错误，提高了操作效率，缩短了运送时间，被事实证明是经济、有效的。

3. 使用的单据不同

航空货运使用的是航空运单，邮政运送使用的是包裹单，快递业也有自己独特的运输单据——交付凭证（Proof of Delivery，POD）。交付凭证一式四份，第一联留在始发地并用于出口报关；第二联贴附在货物表面，随货同行，收件人可以在此联签字表示收到货物（交付凭证由此得名），但通常快件的收件人在快递公司提供的送货记录上签字，而将此联保留；第三联作为快递公司内部结算的依据；第四联作为发件凭证留存发件人处，同时该联印有背面条款，一旦产生争议时可作为判定当事各方权益，解决争议的依据。

4. 快递的服务质量更高

快递服务的高质量主要体现在三个方面。

(1) 速度更快。快递业务自诞生之日起就强调快速的服务，速度又被称为整个行业生存之本。一般洲际快件运送在1～5天内完成；地区内部只要1～3天。这样的传送速度无论是传统的航空货运业还是邮政运输都很难达到。

(2) 更加安全、可靠。因为在快递形式下，快件运送基本上在一两家公司内部完成，各分公司操作规程相同，服务标准也基本相同，而且同一公司内部信息交流更加方便，对客户的高价值易破损货物的保护也会更加妥善，所以运输的安全性、可靠性也更好。与此相反，邮政运输和航空货物运输因为都牵扯不止一位经营者，各方服务水平参差不齐，所以较容易出现货损、货差的现象。

(3) 更方便。快递不止涉及航空运输一种运输形式，它更像是陆空联运，通过将服务由机场延伸至客户的仓库、办公桌，快递真正实现了门到门服务，方便了客户。此外，快递公司对一般包裹代为清关，针对不断发展的电子网络技术又率先采用了电子数据交换（EDI）报关系统，为客户提供了更为便捷的网上服务，快递公司特有的全球性电脑跟踪查询系统也为有特殊需求的客户带来了极大的便利。

第二节　快递的产生与发展

培训目标

→ 了解快递的产生与发展

古有驿马，今有快递。快递又称快件，即快递公司与承运人（航空公司、陆运公司、铁路公司等）合作，在寄件人、收件人之间运送除信函之外的公函、商业信函、小件包裹或急需物品。它通常是门到门乃至桌到桌的限时服务。

国际快递服务是指专业公司以收取高运费为代价，派遣所属从业人员将客户的有价证券（票据、提单等）、商业文件或货物样品，以最迅速的方法专程带往国外收件地，交付收件人的一种服务业务。

快递公司一般运送小件货物或单件货物比较多，价格也比较稳定，而且提供上门取货或者送货上门服务，信息也比较丰富。

长期以来，文件、小件行李的运送还只能通过邮局进行，相对于客户的需要，跨国的邮政服务不仅效率低，安全性、准确性也有明显不足，因此常常困扰着从事国际贸易、国际交流的各方人士。

1969年3月，一位美国青年在一家海运公司办公处等朋友，偶然得知当时正有一艘德国船停泊在夏威夷港等待正在旧金山缮制的提单。如果通过正常的途径，提单需要一个星期才能到达那里，这位年轻人提出他愿意乘飞机将文件送到夏威夷，船运公司管理人员通过比较，发现此举可以节约昂贵的港口使用费和滞期费用，于是将文件交给了这位年轻人，年轻人完成任务后立即联络朋友创立了世界上第一家快递公司，专门从事银行、航运文件的传送工作，后来又将业务扩大到样品等小包裹服务。由于强调快速、准确的服务，快递业务一出现就深受从事跨国经营的贸易、金融各界的热烈欢迎，行业发展非常迅速。

自世界上第一家快递企业成立10年后，中国于1979年引入快递这样一种新的服务理念和运行模式。

1985年，中国邮政成立了经营快递业务的企业——中国速递服务公司（EMS）。直到20世纪90年代上半期，EMS几乎是国内快递业务的唯一经营者。但是，邮政的特快专递服务，由于其价格偏高、服务网络有限和运营体制不够灵活，难以完全承担特快专递服务的全部业务。在这种背景下，中国民营快递业应运而生，在短时间里以超乎寻常的速度发展起来。民营企业异军突起，市场地位日益巩固，已经成为中国快递业的重要组成部分。

近年来，我国快递行业发展迅速。我国东部地区已经形成了以沿海大城市群为中心的几个大区域性快运速递圈，以部分大城市作为区域性快运速递产业发展中心，以递进式的扇面向外部辐射，带动中部和西部地区的发展。目前，我国快运快递业中有航空快运、铁路快运、公路快运和水运快运，其中航空快运发展最快，但铁路快运具有价格便宜和运输网络分布广泛的优势。

我国的物流及快递行业已于2005年12月1日开始完全对外放开，中国快递市场丰厚的利润回报率，庞大的市场潜力，较低的进入壁垒，吸引了国内外众多同业的目光。日本海外新闻普及株式会社率先与中国对外贸易运输公司签订了第一个快件代理协议。随后，其他国际跨国快递巨头也先后以相同的方式进入中国的快递市场。尤其是全球快递行业的四大巨头，美国的联邦快递（FedEx）、德国的敦豪快运（DHL）、荷兰的TNT快运、美国的联合包裹（UPS）等在中国不断参与合资、并购或独资，给我国现有的快递企业带来前所未有的挑战。2009年2月，联邦快递在广州的亚太转运中心已投入运营，主要为亚太地区和珠三角地区服务。UPS近日宣布将新增101个现场库存点（FSL），将覆盖中国89个主要城市，包括110多个保税或非保税现场库存点，以大幅提升在中国的服务物流网络。与此同时，其他国际快递企业也纷纷在中国抢滩布点，加大投资，大力扩展基础设施和运营能力。

我国快递行业未来的竞争日趋激烈已经是不争的事实，外资的进入将会导致我国快递行业出现以下三种变局。

第一，多元化趋势。随着我国经济的发展，各地经济技术开发区建设的不断完善，为满足开发区内高速增长的进出口物流及快递的需求，我国的快递公司通过兼并重组不断向多元化发展。企业之间通过并购不同业务的快递公司或者不同的部门，可以做到物流、信息流、资金流的整合，原来的快递业务已经开始转为快递与物流业务的融合，更好地提升了递送效率，降低了成本。

第二，国有快递企业整合民营快递企业的势头加剧。随着外资快递企业的进入，我国国有大型快递公司明显感受到了威胁，为了打造国有品牌，加上一些政策上的扶持，国有快递公司将会加速并购民营企业的步伐，从而实现强强联合，联合发展业务，实现优势互补，主动参与国内、国际快递市场的竞争。

第三，外资独资化趋势明显。外资企业开始进入中国时，为了争夺快递渠道而与国内企业进行并购或合资。当我国的物流快递业务完全放开之后，他们已对国内市场有所了解。一些外资快递公司开始走独资化道路，他们通过收购合资股份从而达到独资目的。如联邦快递以 4 亿美元现金收购大田，取得了合资公司中 50%的股份，以及大田集团的国内快递网络。这样，联邦快递就获得了独资身份。其实，联邦快递看重的正是大田快递覆盖全国 502 个城市的服务网络，这将使联邦快递加速在中国市场的扩张，从而顺利进入我国的二三线城市市场。

快递行业作为市场的产物，一方面，它的发展推动市场的成熟壮大；另一方面，它也必然受到市场的制约。例如，我国的邮政体制和政策，限制着快递业务的范围和模式；进出口贸易的开放和发展程度，影响着快递业务的件量和空间；国家的基础设施，决定着快递传输的时间和运力；国际油价变动，快递业务自身的特质（即可利用的工作天数）等成本因素，都直接影响快递业务的盈利水平。所以，要想在快递行业中有所作为，势必应遵循快递行业的基本法则，适者发展。

第三节 快递业和物流业

培训目标 → 熟悉快递业和物流业的联系

快递业与物流业密切相关，快递业的发展在很大程度上依托于物流业的发展。物流业是指物品从供应地向接收地的实体流动过程，是根据实际需要，将运输、储存、装卸、搬运、包装、流通加工、配送和信息处理等基本功能进行有机地结合。

快递业与物流业的相似之处如下：

第一，两者运送的都是物品。

第二，两者都属于流通领域，一般与商流发生了分离。任何一种物品都具有双重性，即自然属性与社会属性。自然属性表现为物品的物质实体，物流与快递都涉及物品实体的移动。社会属性指物品具有一定的社会价值，物流与快递通常没有物品社会价值的转移，即与商流发生了分离。

第三，两者都是物品的定向移动，都创造了物品的空间价值。

第四，两者都呈现运送与信息处理的紧密联系。

第五，两者都强调物品流动各项基本功能实施的有机结合，即强调管理。物流管理和快递管理都包括计划、组织、指挥、协调和控制等具体内容。

快递业与物流业的不同之处如下：

第一，物流的“物”泛指一切有经济意义的，可以进行物理位置移动的物质实体，具体包括物资、物料、货物、商品和物品等；而快递的对象仅指信件和包裹，即“物”的范围较小。

第二，物流的功能是创造物品的空间价值、时间价值和加工价值，而快递与物流的区别在于一般不包括时间的延续，而仅指空间的位移，而且要求速度更快。

第三，物流的业务范围广泛，除了与快递共同的运输、派送和信息处理以外，还包括储存、装卸、搬运和流通加工等业务环节。

第四，快递的个性化服务特色更突出，快递是以速度、网络为中心提供的个性化服务。速度对快递业非常重要，是快递业的灵魂。因此，人们又将快递业称为速递业。这里提到的速度，就是最快地满足客户不同层次的需求，也就是要求快递公司在接到客户委托时，所有与该业务有关的部门和个人，都必须同步地行动起来，共同确保货物按客户的要求快速送达指定地点。快递以时间、递送质量区别于其他运输方式，它的高效运转是建立在完善的网络基础之上的，且网络具有相当强的整合能力。快递货物从内容上主要可以分成文件和包裹。从服务层次来看：快递因设有专人负责，减少了内部交接环节，缩短了衔接时间，因而运送速度快于其他的运输方式。从服务质量来看：快件在整个运输过程中都处于计算机的监控之下，其每一个动态（提货、转运、报关）都会输入计算机，一旦查询，立刻就能得到准确的回复。

总之，物流与快递既互相联系，又互相区别。物流业的发展带动了快递业的发展。当前值得注意的动向是国际快递瞄准物流解决方案，即为大企业提供全套供应链解决方案的物流市场。这也从一个侧面反映出物流与快递的紧密关联性。正如一些国际快递业专家所说的那样，通过管理商务活动的物流、信息流和资金流运转，为企业提供全方位的解决方案，这必然是国际快递的发展方向，而中国对这方面的需求潜力非常大。

第四节　快递的流程与要求

培训目标

→ 掌握快递的基本流程和快递流程的要求

快递流程是指快件递送过程中逐渐形成的一种相对固定的业务运行操作的顺序与环节。

一、快递基本流程

行业标准《快递服务》将快递服务环节分为收寄、投递、签收三大环节。这三大环节划归到快递流程中又分为快件收派和快件处理，具体分为：快件收寄→快件分拣封发→快件运输→快件分拣封发→快件派递。

1. 快件收寄

快件收寄是快递企业与客户发生联系的开始环节，是指快递业务员通过上门服务，从客户处收取快件和信息的过程，可分为上门收寄和营业场所收寄两种形式。

（1）上门收寄。上门收寄指快递业务员根据客户要求和提供的地址到客户所在地收取并办理快件收寄手续的收寄方式。

（2）营业场所收寄。营业场所收寄是指快递企业自行设立固定营业网点，并直接收取快件的收寄方式。

2. 快件分拣封发

快件分拣封发属于流程的中间环节。快件的分拣是将快件按运单书写的寄达地址分别汇集到规定地点；封发是将快件封装成总包并装载发运的过程。

3. 快件运输

快件运输是指在统一组织、调度和指挥下，按照运输计划，综合利用各种运输工具，将快件迅速、有效地运达目的地的过程。快件运输常见方式为航空运输、公路运输和铁路运输。三种运输方式的经营方式、运输能力和速度各不相同，快递企业可根据快件的时间与数量的实际要求，选择合适的运输方式。

4. 快件派送

快件派送是指业务员将快件准确、安全送达客户并获得签收信息的过程。

（1）按址派送。按址派送指快递业务员将快件直接送达客户。这是快递企业主要采用的派送方式。

（2）营业场所自取。营业场所自取指收件人自行到快递企业设立的网点领取快件。这种情况一般较少发生，只在同客户有特殊约定的情况下才采用这种方式。

二、快递具体流程与要求

目前，常见的快递运输方式有航空、铁路和公路运输，它们的作业流程在遵循服务高质量、工作秩序有条不紊、工作成本合理节约、过程管理快捷高效、业务环节安全低风险五大原则的基础上，还具有各自特殊的流程与要求。

1. 航空快递的流程与要求

（1）流程

1）出口操作

取件——快递业务员取件或客户自己将货送到服务站点。

站上操作——快递业务员与操作员进行货物交接；审核运单及相关单证；检查包装；贴标签，做标记，体积测量；将货物按文件与非文件和不同目的地分开；将运单相应联撤下，交录入组录入运单；打印主单。

口岸操作——货拉到机场后，主要做以下工作：称重，完善主单，入库，安检、卫检、动植检，报关，交单，发预告。

出口货物操作流程如图 2—1 所示。

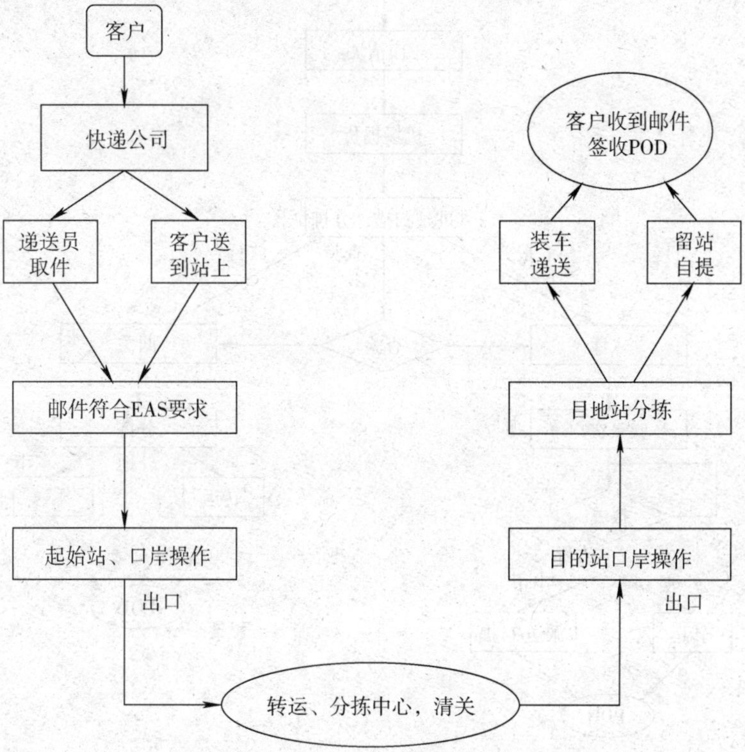

图 2—1　出口货物操作流程

2）进口操作

取件——由专人接机提货。

口岸操作——主要做以下工作：国际快件进口清关、入境检验检疫、民航交接及代客服务的业务。

进口货物操作流程如图 2—2 所示。

（2）要求

1）根据中国民航各有关航空公司的规定，快件必须符合有关始发、中转和到达国家的法令和规定以及中国民航各有关航空公司的一切运输规章。

2）凡中国及有关国际政府和空运企业规定禁运和不承运的快件，不得接受。

3）快件的包装、重量和体积必须符合空运条件。

2. 铁路快递的流程与要求

（1）流程

1）向铁路快运服务网点告知所需运输的相关事宜（起运地、目的地、货物类别、数量、运输时间要求、发货时间等）。

2）计划好发货事宜。

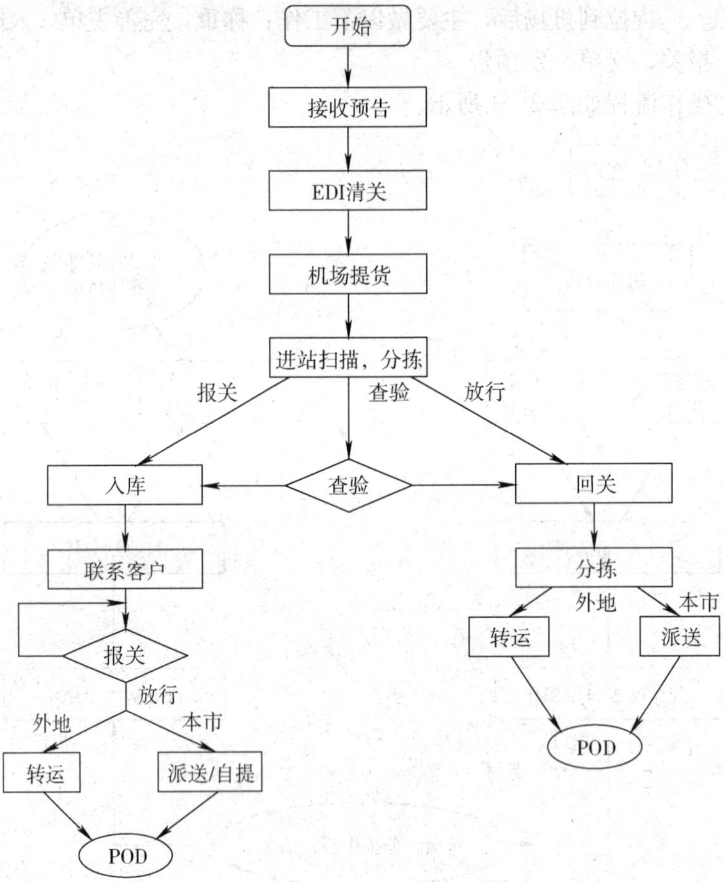

图 2—2　进口货物操作流程

3）完成派送。

4）检查签收单，进行数据整理。

5）快递业务员持签收单到客户处结账收款。

（2）要求

1）快件按零担托运，一件体积最小不得小于 0.02 立方米（一件重量在 10 千克以上的除外），每批不得超过 300 件。

2）应根据快件的性质、重量、运输种类、运输距离、气候以及货车装载等条件，使用符合运输要求，便于装卸和保证货物安全的运输包装。

3. 公路快递的流程与要求

（1）流程

1）接单。

2）登记。

3）提货发运。根据送货方向，重量和体积来统筹安排车辆。

4）在途追踪。建立收货客户档案；及时反馈途中信息；有异常情况及时与客户联系。

5）到达签收。电话或传真确认到达时间。

6）回单。按时准确到达指定地点；货物交接；准确签收，保证运输产品的数量和质量与客户出库单一致。

7）运输结算。开具发票，向客户收取运费。

（2）要求。公路快递业务在遵循上述五原则的基础上，并无其他特殊要求。

第3单元

快递业务基础知识

快递业务大体分为国内及港澳台快递业务和国际快递业务。这几类业务除了覆盖地理范围和进出口要求不同外，在业务流程、服务模式和付费方式方面大致相同。本单元重点介绍国内快递业务知识，简要介绍国际快递业务知识。

第一节　国内快递业务

培训目标

→熟悉快递的不同业务形式

→掌握快件的禁限寄规定

一、快递业务服务形式

1. “门/桌”到“门/桌”

“门/桌”到“门/桌”的服务形式是快递公司最常用的一种服务形式。首先由发件人在需要时电话通知快递公司，快递公司接到通知后派人上门取件，然后将所有收到的快件集中到一起，根据其目的地分拣、整理、制单，到达目的地后，再由当地的分公司办理提货手续，并送至收件人手中。在这期间，客户还可通过快递公司的网络系统随时对快件（主要指包裹）的位置进行查询，快件送达之后，也可以及时通过网络将消息反馈给发件人。

2. “门/桌”到机场

“门/桌”到机场是航空快递公司常用的一种服务形式。与前一种服务方式相比，“门/桌”到机场的服务是指快件到达目的地机场后不是由快递公司去办理提货手续并送达收件人的手中，而是由快递公司通知收件人自己去办理相关手续。采用这种方式的多是有特殊规定的货物或物品。

3. 专人派送

专人派送是指由快递公司指派专人携带快件在最短时间内将快件直接送到收件人手中。这是一种特殊服务。

以上三种服务形式相比，“门/桌”到机场形式对客户来讲比较麻烦，专人派送最可靠，最安全，同时费用也最高，而“门/桌”到“门/桌”的服务介于上述两者之间，适合绝大多数快件的运送。

二、快递业务具体分类

行业标准《快递服务》将快递服务分为同城快递服务、国内异地快递服务、港澳快递服务、台湾快递服务和国际快递服务五类。其中，同城快递服务和国内异地快递服务都属于国内快递业务，其他三类属于非国内快递业务（国际及港、澳、台地区快递业务）。

1. 按覆盖范围分类

国内快递业务按业务覆盖范围划分为同城快递服务和国内异地快递服务两类。

（1）同城快递服务。同城快递服务是指寄件地和收件地在同一个城市，一般在24小时内完成快递服务。

（2）国内异地快递服务。国内异地快递服务是指寄件地和收件地不在同一个城市，一般在 72 小时内完成快递服务。

2. 按服务时限分类

快递服务时限是指快递服务组织从收寄开始，到第一次投递时间的间隔。

（1）当日达。当日达是指在同一天内完成快递服务。

（2）次日达。次日达是指在快递企业规定的当日收寄截止时间以前收寄，并在次日规定时间以内完成快递服务。

（2）隔日达。隔日达是指在快递企业规定的当日收寄截止时间以前收寄，并在第三个工作日的规定时间以内完成快递服务。

3. 按快件按形式分类

根据客户寄送的物品形式不同，通常快件又可以分为信件和包裹。信件一般指各类文件和资料；包裹一般指略大的资料、商品货样等。目前，有些快递企业也会以寄送物品的体积和重量作为区分的条件，如超过 2 千克作为包裹处理等。

4. 按资费方式分类

目前，常见的付费方式主要有寄件人付费、收件人付费和第三方付费三种方式。其中，第三方付费业务是指在收件人收到快件时由第三方支付快递服务费用，这种资费方式在规模较小的快递企业中使用不多。

费用支付时，通常采用现金（支票）支付和记账支付的方式。

寄件人付费和第三方付费时，两种方式都可采用；收件人付费时，因经常涉及不同的快递企业，故多采用现金（支票）支付的方式。

5. 按赔偿程度分类

（1）普通快件。普通快件是指只交纳运输费用的快件。

（2）保价快件。保价快件是指在普通快件费用的基础上，还要根据寄件人认可的快件价值交纳保价费用的快件。

（3）价值保险快件。价值保险快件是指在普通快件费用的基础上，还要根据指定的保险公司相关规定交纳保险费用的快件。客户可以根据保险合同规定，对快件在运输途中因外在因素导致的物理损失或丢失等情况，向保险公司进行索赔。通常，价值保险快件主要使用于较贵重的物品，且规模较小的快递企业也很少提供此类服务。

三、禁止快递企业寄递的物品

根据《快递市场管理办法》规定，任何组织和个人不得利用快递网络从事危害国家安全、社会公共利益或者他人合法权益的活动。禁止快递企业寄递如下六类物品：

1. 法律法规禁止流通或者寄递的物品。

2. 各种危害国家安全和社会政治稳定以及淫秽的出版物、宣传品、印刷品等。

3. 武器、弹药、麻醉药物、生化制品、传染性物品和爆炸性、易燃性、腐蚀性、放射性、毒性等危险物品。

4. 妨害公共卫生的物品。

5. 流通的各种货币。

6. 国家规定禁止寄递的其他物品。

《快递市场管理办法》同时规定，快递企业接受网络购物、电视购物和邮购等经营者委托提供快递服务的，应当与委托方签订安全保障协议，并报省级邮政管理部门备案。快递企业从事代收货款业务，应当遵守国家邮政管理部门的规定。

第二节 国际及港、澳、台地区快递业务

培训目标

→熟悉快件通关知识

→熟悉国际快件禁限寄规定

国际快递业务指寄件人和收件人分别在我国和其他国家或地区的快递服务。国际快递业务与国内快递业务的区别在于国际快件在入境和出境过程须接受我国和有关国家海关的出入境检查，必须办理通关手续。港、澳、台快递服务指寄件人和收件人分别在我国内地和香港、澳门、台湾地区的快递服务。港、澳、台快递服务也应算国内快递服务，但是除了与国内快递服务一样经过收寄、分拣封发、运输和派送外，也需要进行出入境手续，其具体操作与国际快递服务近似。

提供国际快递服务的快递企业的有关业务人员不仅要熟悉和掌握我国通关的有关政策、法规、制度和程序，而且还必须了解和掌握有关主要国家的相关规定和知识。

一、快件通关相关知识

快件的报关和查验应当在快递企业所在地海关办公时间和专门监管场所内进行。如需在海关办公时间以外或专门监管场所以外进行，需事先经海关同意，并向海关无偿提供必需的办公场所及必备的设施。

入境的快件应当在运输工具申报入境后 24 小时内向海关办理报关手续；出境的快件，应当在运输工具离境前 4 小时向海关办理报关手续。

二、国际快件禁限寄规定

1. 国际函件

国际函件禁限寄种类主要包括以下三类：

(1) 信函以外的各类函件内不准寄递具有私人和现实通信性质的文件。

(2) 印刷品和盲人读物内禁止寄递已盖销或未盖销的邮票。

(3) 除保价邮件以外，各类函件内禁止寄递各国货币、旅行支票、不记名票据、铂金、黄金、白银及其制成品、首饰、宝石及其他贵重物品。

2. 国际包裹

国际包裹禁限寄种类主要包括以下八类：

(1) 爆炸性、易燃性、腐蚀性、毒性、酸性和放射性的各种危险物品，如雷管、火

药、爆竹、汽油，酒精、煤油、桐油、生漆、火柴、强碱、农药等。

（2）麻醉药物和精神药品，如鸦片、吗啡、可卡因等。

（3）国家法令禁止流通或寄递的物品，如军火、武器、我国货币等。

（4）容易腐烂的物品，如鲜鱼、鲜肉、鲜水果、鲜蔬菜等，但经加工制作，已经干燥或者制成罐头食品，不在此限（寄达国另有规定的除外）。

（5）妨碍公共卫生的物品，如尸骨（不包括附有证明已焚化的骨灰）、未经硝制的兽皮、未经药制的兽骨等。

（6）具有影响国家安全内容的报刊、书籍、宣传品和淫秽或有伤风化的物品。

（7）各种活的动物（但蜜蜂、水蛭、蚕、医药卫生科学研究机构封装严密并出具证明交寄的寄生虫以及供作药物或用以杀灭害虫的虫类，不在此限）。

（8）包裹内禁止寄递具有私人和现实通信性质的文件，各国货币、旅行支票、不记名票据、铂金、黄金、白银及其制成品、首饰、宝石及其他贵重物品。

3. 国际特快邮件

国际特快邮件禁限寄种类主要包括以下七类：

（1）爆炸性、易燃性、腐蚀性、毒性、强酸碱性和放射性的各种危险物品，如雷管、火药、爆竹、汽油、酒精、煤油、桐油、生漆、火柴、农药等。

（2）麻醉药品和精神药品，如鸦片、吗啡、可卡因等。

（3）国家法令禁止流通或寄递的物品，如军火、武器、本国或外国货币等。

（4）容易腐烂的物品，如鲜鱼、鲜肉等。

（5）妨碍公共卫生的物品，如尸骨（包括已焚化的骨灰）、未经硝制的兽皮、未经药制的兽骨等。

（6）具有影响国家安全内容的报刊、书籍、宣传品和淫秽或有伤风化的物品。

（7）各种活的动物（但蜜蜂、水蛭、蚕、医药卫生科学研究机构封装严密并出具证明交寄的寄生虫以及供作药物或作以杀灭害虫的虫类，不在此限）。

各类快件禁寄、限寄的范围，除上述规定外，还应参阅《中华人民共和国海关对进出口邮递物品监管办法》和国家法令有关禁止和限制邮寄物品的规定，以及相关部门转发的各国（地区）邮政禁止和限制。

第4单元

快递服务礼仪

本单元主要对快递服务礼仪作简要介绍，讲解服务礼仪的原则，以及快递服务礼仪的要求。

第一节 礼仪与服务礼仪

培训目标

→了解礼仪的概念和原则

一、礼仪的概念

礼仪是指人们在社会交往中由于受历史传统、风俗习惯、宗教信仰、时代潮流等因素的影响而形成，既为人们所认同，又为人们所遵守，以建立和谐关系为目的的各种符合礼的精神及要求的行为准则或规范的总和。

由于礼仪是社会、道德、习俗、宗教等方面人们行为的规范，所以它是人们文明程度和道德修养的一种外在表现形式。

礼仪对个人而言，是一个人思想水平、文化修养、交际能力的外在表现。

礼仪也是人类文明的结晶，是现代文明的重要组成部分。它体现的宗旨是尊重，既是对人也是对己的尊重，这种尊重总是同人们的生活方式有机地、自然地、和谐地和毫不勉强地融合在一起，成为人们日常生活、工作中的行为规范。这种行为规范包含着个人的文明素养，也体现出人们的品行修养。

二、礼仪的特点

1. 礼仪具有普遍认同性特点

认同性是全社会的约定俗成，是全社会共同认可、普遍遵守的准则。一般来说，礼仪代表一个国家、一个民族、一个地区的文化习俗特征。但也有不少礼仪是全世界通用的，具有全人类的共同性。例如：问候、打招呼、礼貌用语、各种庆典仪式、签字仪式等，基本是世界通用的。

礼仪的普遍认同性，主要源于共同的经济生活和文化生活。经济的共同性必然导致礼仪的变化。例如现代经济的快节奏、高效率，使现代礼仪向简洁、务实方向发展。共同的文化涵育了共同的礼仪。礼仪的普遍认同性表明社会中的规范和准则必须得到全社会的认同，才能在全社会中通用。

2. 礼仪具有规范性特点

规范性主要是指对具体的交际行为具有规范性和制约性。这种规范性本身所反映的实质是一种被广泛认同的社会价值取向和对他人的态度。无论是具体言行还是具体的姿态，均可反映出行为主体的包括思想、道德等内在品质和外在的行为标准。

3. 礼仪具有广泛性特点

广泛性主要是指礼仪在整个人类社会的发展过程中普遍存在，并被人们广泛认同。礼仪无处不在，礼仪无时不在。

4. 礼仪具有沿袭性特点

沿袭性是指礼仪形成本身是个动态发展过程，是在风俗和传统变化中形成的行为规范。在这种发展变化中，礼仪表现为一种继承和发展。礼仪一旦形成，就有一种相对独立性。

现今的礼仪形式就是从历史中继承下来的，有不少优秀的礼仪形式还要继续传承下去。而那些封建糟粕，则会逐渐被抛弃。所以交际礼仪的沿袭和继承是个不断扬弃的社会进步的过程。

世界上任何事物都是发展变化的，礼仪虽然有较强的相对独立性和稳定性，但它也毫不例外地随着时代的发展而发展变化。社会交往的扩大，各国民族的礼仪文化都会互相渗透，尤其是西方礼仪文化引入中国，使中华礼仪在保持传统民族特色的基础上，发生了更文明、更简洁、更实用的变化。

三、礼仪的分类

礼仪依据其适用对象、适用范围的不同，大致上可以被分为政务礼仪、商务礼仪、服务礼仪、社交礼仪、涉外礼仪等几大分支。其中，政务礼仪、商务礼仪、服务礼仪主要是按照行业划分的，并且是人们在工作岗位上应该遵守的，故可称之为行业礼仪或职业礼仪。政务礼仪又称国家公务员礼仪，是指国家公务员在执行国家公务时所应当遵守的礼仪；商务礼仪是指公司、企业的从业人员以及其他一切从事经济活动的人士，在经济往来中所应当遵守的礼仪；服务礼仪是指各类服务行业的从业人员，在自己的工作岗位上应当遵守的礼仪。

四、服务礼仪的原则

服务礼仪是一个人综合素质的体现。服务礼仪的原则是指一些具有普遍性、共同性、指导性的礼仪规律。掌握礼仪的原则很重要，它是更好地学习礼仪和运用礼仪的指导思想。

1. 尊重的原则

孔子说："礼者，敬人也。"这是对礼仪核心思想高度的概括。尊重的原则就是要求人们在服务过程中，要把对客人的重视、恭敬、友好放在第一位，这是礼仪的重点与核心。因此，在服务过程中，首要的原则就是敬人之心常存，掌握了这一点，就等于掌握了礼仪的灵魂。在人际交往中，只要不失敬人之意，哪怕具体做法一时失当，也容易获得对方的谅解。

2. 真诚的原则

真诚的原则就是要求在服务过程中，必须待人以诚，只有如此，才能表达对客人的尊敬与友好，才会更好地被对方所理解、所接受。与此相反，倘若仅把礼仪作为一种道具和伪装，在具体操作礼仪规范时口是心非，言行不一，则有悖于礼仪的基本宗旨。

3. 宽容的原则

宽容的原则是要求人们在服务过程中，既要严于律己，更要宽以待人。要多体谅他人，多理解他人，学会与服务对象进行心理换位，而千万不要求全责备、咄咄逼人。这实际上也是尊重对方的一个主要表现。

4. 从俗的原则

由于国情、民族、文化背景的不同，在人际交往中，实际上存在着“十里不同风，百里不同俗”的局面。这就要求在服务工作中，对本国或各国的礼仪文化、礼仪风俗以及宗教禁忌要有全面、准确的了解，才能够在服务过程中得心应手，避免出现差错。

5. 适度的原则

适度的原则是要求应用礼仪时，为了保证取得成效，必须注意技巧，合乎规范，特别要注意做到把握分寸，认真得体。这是因为凡事过犹不及，假如做得过了头，或者做得不到位，都不能正确地表达自己自律、敬人之意。

第二节　快递服务礼仪

培训目标

→掌握快递服务的礼仪要求

一、快递服务的礼仪要求

1. 言语得当、举止端正

办理业务时，使用规范准确的行业服务语言，让用户听清楚、听明白；对用户提出的咨询和疑问，注意认真倾听，耐心作出解答，让用户了解真实情况。窗口工作人员要保持正确的坐、立、行姿态，杜绝支肘、倚靠、歪坐、松垮等不雅姿态。服务动作大方得体，请用户做事时掌心向上，不用手指直对用户；向用户投交账单、快件等物品时，面向对方，双手递、双手接。

2. 业务熟练、操作规范

认真学习业务知识，熟悉业务流程，严格准确地按照规定时限和标准处理业务。保守用户的信息资料秘密，要规范装卸，不摔抛快件。

3. 以诚待人、重信践诺

实事求是地向用户说明快递产品的业务功能、通达范围、业务取消方式、费用缴纳、咨询电话等内容，为用户合理消费提供帮助。不诱导和强迫用户使用高资费业务，杜绝“搭售”行为。对于服务方式和效果失误赔偿等承诺，说到做到。在投递快件时要准确称呼用户姓名，不熟悉、念不准的姓氏、名字事先要查字典，防止念错，引起用户不满。

二、快递服务礼仪的具体要求

上面介绍了快递服务的总体要求，下面主要从仪容礼仪、服饰礼仪、仪态礼仪、见面礼仪等几个方面作具体要求。

1. 仪容礼仪

在接待服务中，仪容是最为引人注意的地方，在工作岗位上必须对自己的仪容修饰予以高度的重视。

（1）男士仪容修饰规范

1）卫生。每天洗澡及更换衣服，勿在服务中出现口臭、汗臭、腋臭等异味。

2）剃须。若无特殊的宗教信仰或民族习惯，要养成每日修面剃须的好习惯。

3）修剪好鼻毛和耳毛，勿使其外现。

4）发型。男士的发型要长短适当。要求做到：前发不覆额，侧发不掩耳，后发不触领。不允许在工作之时长发披肩，或者梳起发辫。

（2）女士仪容修饰规范

1）面部修饰规范

①洁净。工作中务必要保持自己的面部干净、清爽。要注意口腔的洁净，防止产生口臭等异味。服务前应忌食葱、蒜、韭菜、烈酒以及吸烟。

②卫生。应注意个人面容的健康状况。要防止由于个人不讲究卫生而使面部经常疙疙瘩瘩。避免在服务中出现汗臭等身体异味。

③自然。面部的修饰要自然，工作中要求化淡妆，切忌浓妆艳抹。

2）肢体修饰规范

①注意保持手部的干净清洁。

②不留长指甲，不涂鲜艳的指甲油以及在指甲上彩绘。

③切勿腋毛外露。若因工作需要，必须穿着肩部外露的服装上岗服务时，则切记要剃去腋毛。

④工作中，不穿露趾的凉鞋或拖鞋，以免显得过于散漫。穿着短裙时应穿长筒或连裤丝袜。

3）发部修饰规范

①整洁。对任何人而言，其头发在人际交往中能否确保整洁，都直接会影响到他人对自己的评价。

②长短适当。女性应将过长的头发盘起来，或是置于工作帽之内，不可以披头散发。

③不可以把头发染得五彩斑斓，这与服务者的身份不相符。

4）化妆规范。淡妆上岗是对女性化妆时所做的基本规范之一。要求在工作时化妆应淡雅、自然、简洁、适度、避短。化妆禁忌有以下 3 点：

①离奇出众。禁止在化工作妆时脱离自己的角色定位，追求荒诞、怪异、神秘的妆容，或者是有意使自己的化妆出格，从而产生令人咋舌的效果。

②残妆示人。要在化妆后进行检查，以防止自己的妆容出现残缺。尤其应当在出汗之后、休息之后、用餐之后及时自查妆容。

③修饰避人。不要在公共场所化妆，不要在工作岗位补妆。补妆时，宜选择洗手间或无人场所。

2. 服饰礼仪

服饰的选择和穿戴很重要的一个原则是遵循“服饰的 TPO 原则”，这是有关服饰礼仪的基本原则之一，其中 T、P、O 三个字母，分别是英文时间、地点、目的这三个单词的缩写。它是要求人们在选择服装、考虑其具体款式时，首先应当考虑如何与着装的时间、地点、目的协调一致。

服饰得体与否，与个人形象、城市形象乃至国家形象均有极大关系，因此，在服务中服饰的选择、穿戴要遵从以下规范：

（1）着装整洁。一忌布满褶皱，二忌出现残破，三忌沾染污渍及脏物，四忌充斥汗味、体臭等异味。

（2）穿着文明、雅观。一忌过分裸露，二忌过分薄透，三忌过分紧窄，四忌过分艳丽。

（3）在服务中，以不佩戴首饰为好。对于男性服务人员来讲，尤其有必要如此，女性如需要佩戴切记以少为佳。具体要求是：佩戴饰品时一般不宜超过两个品种，佩戴某一品种的饰品，则不应超过两件。不宜佩戴花哨和张扬个性的工艺饰品以及名贵的珠宝饰品。

3. 仪态礼仪

（1）站姿规范

1）基本站姿。基本站姿要领：脚跟并拢，脚尖分开（女士 30°左右，男士 45°左右），收腹挺胸，提臀立腰，双臂下垂（自然贴于身体两侧），虎口向前，宽肩下沉，头正颈直，下颌微收，目光平视。

在服务过程中，男性与女性通常根据各自不同的性别特点，在遵守基本站姿的基础上，还可以各有一些局部的变化，主要表现在其手位与脚位有时会存在一些不同。

男性在站立时，要力求表现阳刚之美。可以将一只手（一般为右手）握住另一只手的外侧面，叠放于腹前，或者相握于身后。双脚可以叉开，大致上以其与肩部同宽作为双脚叉开后两脚之间相距的极限。但需要注意的是，在郑重地向客人致意时，必须脚跟并拢，双手叠放于腹前。

女性在站立时，要力求表现阴柔之美。在遵守基本站姿的基础上，可将双手虎口相交叠放于腹前。

要特别注意的是：不论是男性还是女性，站立时一定要正面面对服务对象，不可将自己的背部对着对方。

2）服务时的站姿。为客人服务时，头部可以微微侧向客人，但一定要保持面部的微笑，手臂可以持物，也可以自然地下垂。在手臂垂放时，从肩部至中指应当呈现出一条自然的垂线。

3）待客时的站姿。待客时站姿的技巧有 5 个要点：

一是手脚可以适当地进行放松，不必始终保持高度紧张的状态。

二是可以在以一条腿为重心的同时，将另外一条腿向外侧稍稍伸出一些，使双脚呈叉开状。

三是双手可以采用体后背手，站姿稍做放松。

四是双膝要伸直，不能出现弯曲。

五是在肩、臂自由放松时要伸直脊背。

兼顾上述五点，既可以不失仪态美，又可以为其减缓疲劳。

4）不良的站姿。常见的不良站姿包括身躯歪斜、弯腰驼背、趴伏倚靠、双腿大叉、脚位不当、手位不当、半坐半立、浑身乱动等。

（2）行姿规范

1）行姿的基本要点。行进姿势的基本要点是：身体协调，姿势优美，步伐从容，步态平稳，步幅适中，步速均匀，走成直线。

2）出入房门的姿势。在服务中有时需要进入或离开客人房间，应注意如下细节：

①要先通报。在出入房门时，尤其是在进入房门前，一定要采取叩门（一般以中指轻叩三下）、按铃的方式，向房内之人进行通报。

②要以手开关。出入房门时，务必要用手来开门或关门。在开关房门时，不可以采用肘部顶、膝盖拱、臀部撞、脚尖踢、脚跟蹬等不良做法。

③要面向他人。出入房门，特别是在出入一个较小的房间，而房内有客人时，最好是反手关门、反手开门，并且始终注意面向对方，而不是把背部朝向对方。

④要后入后出。与他人一起先后出入房门时，为了表示自己的礼貌，一般应当自己后进门、后出门，而请对方先进门、先出门。

⑤要为人拉门。在陪同引导他人时，有义务在出入房门时替对方拉门。

（3）坐姿规范

1）服务工作中的常见坐姿

①正襟危坐式。正襟危坐式适用于最正规的场合。主要要求是：上身与大腿、大腿与小腿，都应当形成直角，小腿垂直于地面；双膝、双脚、两脚跟部都要完全并拢。

②垂腿开膝式。垂腿开膝式多为男士所用，较为正规。主要要求是：上身与大腿、大腿与小腿皆为直角，小腿垂直于地面；双膝分开，但不得超过肩宽。

③双腿斜放式。双腿斜放式适于穿裙子的女士在较低处就座采用。主要要求是：双腿并拢，双脚向左或向右侧斜放，一般使斜放后的腿部与地面成45°夹角。

④双脚交叉式。双脚交叉式适用于各种场合，男女皆可选用。主要要求是：双膝先要并拢，然后双脚在踝部交叉。需要注意的是，交叉后的双脚可以内收，也可以斜放，但不宜向前方远远地伸出去。

需要特别指出的是，如果在迎宾或庆典活动中身着旗袍时，最好不坐，若要坐切记勿使旗袍后片拖地。

2）九种不雅的坐姿

①双腿叉开过大。

②架腿方式欠妥，如将一条小腿横架在另一条大腿上的“二郎腿”。

③双腿直伸出去。

④将腿放上桌椅。

⑤双手抱在腿上。这是一种惬意、放松的休息姿势，在工作之中不可取。

⑥将手夹在腿间。这一动作显得胆怯或害羞。

⑦腿部抖动摇晃。这不仅会令他人心烦意乱，而且也会给人以极不安稳的印象。

⑧脚尖指向他人。这做法是非常失礼的。

⑨脱鞋脱袜或以手触摸脚部。

（4）手姿规范

1）手姿的基本原则

①使用规范化的手势。

②注意区域性的差异。即注意不同的地域、民族“手语”的差异。

③手势宜少忌多。

2）递接物品的手姿

①双手为宜。双手递物最佳。不方便双手并用时，也要采用右手。以左手递物，通常被视为失礼之举，尤其是对亚洲国家的客人。

②递于手中。递给他人的物品，以直接交到对方手中为好。不到万不得已，最好不要将所递的物品放在他处。

③主动上前。若双方相距过远，递物者理当主动走近接物者。假如自己坐着的话，还应尽量在递物时起身站立为好。

④方便接拿。在递物时，应为对方留出便于接取物品的地方，不要让其感到接物时无从下手。将带有文字的物品递交他人时，还须使之正面面对对方。

⑤尖、刃内向。将带尖、带刃或其他易于伤人的物品递于他人时，切勿以尖、刃直指对方，应当使其朝向自己，或是朝向他处。

（5）表情神态规范。表情神态是指人通过面部形态变化表达内心的思想感情，并表现出相应的神情态度。在服务过程中的表情神态应当是谦恭的、友好的、真诚的。

1）眼神。在服务过程中，难免要与服务对象进行目光的交流。依照服务礼仪的规定，在注视对方面部时，一般以注视对方的眼睛或眼睛到下巴之间三角区域为好，表示全神贯注和洗耳恭听。在问候对方、听取诉说、征求意见、强调要点、表示诚意、向人道别或与人道别时，皆可采用这样的注视方式。但是，时间上不宜过久，否则双方都会比较难堪。

当与服务对象相距较远时，一般应以对方的全身为注视点。在站立服务时，往往有此必要。

此外，在服务工作中，有时也会因为实际需要，而对服务对象身体的某一部分多加注视。例如，在递接物品时，应注视对方手部。特别需要说明的是，如果没有任何理由，而去注视打量服务对象的头顶、胸部、腹部、臀部或大腿，都是失礼的表现。

2）笑容。服务时要满面笑容，意在为服务对象创造出一种轻松的氛围，同时也表现出对服务对象的重视与照顾。因此，服务中要保持微笑，善于微笑。

微笑的基本做法是：先要放松自己的面部肌肉，然后使自己的嘴角微微向上翘起，让嘴唇略呈弧形，在不牵动鼻子、不发出笑声、不露出牙齿的前提下，轻轻一笑。但在问候、致意、与人交谈时，以露出上排八颗牙齿的笑容姿态最为亲和。

4. 见面礼仪

（1）称呼的礼节。服务礼仪规定，在任何情况下，服务人员都必须对服务对象采用恰当的称呼。要做好这一点，主要应当从四个方面来具体着手。

1）区分对象。根据惯例，称呼的使用有着正式场合与非正式场合之分。

正式场合使用的称呼，主要分为三种类型。一是泛尊称，如“先生”“小姐”“夫人”“女士”等；二是职业加泛尊称，如“司机先生”“秘书小姐”等；三是姓氏加职务或职称，如“张经理”“李科长”“王教授”等。

使用于非正式场合的称呼，可以直接以姓名、名字、爱称、小名、辈分等相称，但在服务中不采用。

2）照顾习惯。在服务中称呼他人时，必须考虑交往对象的语言习惯、文化层次、地方风俗等，并分别给予不同的对待。例如，“先生”“小姐”“夫人”一类的称呼，在国际交往之中，最为适用。

3）有主有次。需要称呼多位服务对象时，要分清主次，标准的做法有两种：一是由尊而卑，即在进行称呼时，先长后幼，先女后男，先上后下，先疏后亲；二是由近而远，即先对接近自己者进行称呼，然后依次向下称呼他人。

4）严防犯忌。在称呼方面，有可能触犯的禁忌主要有两类：

①不使用任何称呼。有些服务人员平时懒于使用称呼，直接代之以“喂”“嘿”“下个”“那边的”等词句，甚至连此类称谓也索性不用。这一做法，可以说是失敬于人。

②使用不雅的称呼。一些不雅的称呼，尤其是含有人身侮辱或歧视之意的称呼，如“眼镜”“矮子”“瘦猴”等，是绝对忌用的。

（2）介绍的礼节

1）自我介绍的礼节。在服务过程中如需进行自我介绍时，只要报清自己的姓名和身份以及所负责的服务工作就可以了，只是要注意态度的热情、友好和手势的自然、得体。

2）为他人介绍的礼节。为他人作介绍应了解介绍的规则，即把谁介绍给谁的问题。国际公认的介绍顺序是：

①将男性介绍给女性。

②将年轻者介绍给年长者。

③将职位低者介绍给职位高者。

④将客人介绍给主人。

⑤将晚到者介绍给早到者。

在以上五个顺序中，如果被介绍者之间符合其中的两个以上的顺序，一般应按后一个顺序进行介绍。

（3）致意的礼节

1）常用的致意礼节。在服务过程中会运用到的致意的礼节主要有注目礼、点头礼、欠身礼、鞠躬礼、握手礼、举手礼、合十礼等。

2）致意的规则。男性应当首先向女性致意；年轻者应当首先向年长者致意；下级应当首先向上级致意；服务人员应当首先向客人致意。

（4）服务语言规范

1）礼貌用语规范。在服务岗位上，要求能准确而适当地运用礼貌语言。

①问候用语。在服务过程中，以下五种情况下必须使用问候语：一是主动服务于他人时；二是他人有求于自己时；三是他人进入本人的服务区域时；四是他人与自己相距过近或是四目相对时；五是自己主动与他人进行联络时。

进行问候，通常应当是相互的。在正常情况下，应当由身份较低的人首先向身份较高人进行问候。

标准式问候用语的常规做法：在问好之前，加上适当的人称代词，或者其他尊称。例如，“你好!”“您好!”“大家好!”等。

时效式问候用语是指在一定的时间范围之内才有作用的问候用语。例如，“早安!”“早上好!”“中午好!”“下午好!”“晚上好!”“晚安!”等。

②迎送用语

a. 欢迎用语。最常用的欢迎用语有“欢迎!”“欢迎光临!”“欢迎您的到来!”“见到您很高兴!”“恭候您的光临!”等，往往离不开“欢迎”一词。但在客人再次到来时，可在欢迎用语之前加上对方的尊称，如“先生，真高兴再次见到您!”“欢迎您再次光临!”等，以表明自己尊重对方，使对方产生被重视的感觉。

在使用欢迎用语时，应当一并使用问候语，并且在必要时向被问候者主动施以见面礼，如注目、点头、微笑、鞠躬、握手等。

b. 送别用语。最为常用的送别用语，主要有“再见”“慢走”“走好”“欢迎再来”“一路平安”等。需要注意的是，送别乘飞机的客人忌讳说“一路顺风”。

③请托用语。在请求他人帮忙或是托付他人代劳时，应当使用请托用语。在向客人提出某项具体要求或请求时，都要加上一个“请”字。

④致谢用语。在下列六种情况下，应该及时使用致谢用语，向他人表达本人的感激之意：一是获得他人帮助时；二是得到他人支持时；三是赢得他人理解时；四是感到他人善意时；五是婉言谢绝他人时；六是受到他人赞美时。

⑤征询用语。服务过程中，需向客人进行征询时，要使用必要的礼貌语言，才会取得良好的反馈。一般有下述五种情况：一是主动提供服务时；二是了解对方需求时；三是给予对方选择时；四是启发对方思路时；五是征求对方意见时。

⑥应答用语。在服务过程中，所使用的应答用语是否规范，往往直接地反映其服务态度、服务技巧和服务质量。例如，在答复客人的请求时，常用的应答用语主要有“是的”“好”“很高兴能为您服务”“好的，我明白您的意思”“我会尽量按照您的要求去做”等。需要注意的是，一般不允许对客人说“不”字，更不允许对其置之不理。

⑦祝贺用语。在服务中，有时有必要向客人适时地使用一些祝贺用语，如“祝您成功”“身体健康”“节日愉快”等。在不少场合，这么做不但是一种礼貌，而且也是一种人之常情。

⑧推托用语。拒绝别人，也是一门艺术。在工作中有时也需要拒绝他人，此时必须语言得体，态度友好，不能直言“不知道”“做不到”“不归我管”“问别人去”等。

⑨道歉用语。当服务不到位或出现差错时，应真诚地向客人道歉。常用的道歉用语主要有“抱歉”“对不起”“请原谅”等。

2）文明用语规范。在服务中，尽量多用雅语，即用词用语要力求谦恭、敬人、高雅，忌粗话、脏话、黑话、怪话与废话，以展示良好的教养。

3）服务忌语。在服务中必须杜绝以下四类服务忌语。

①不尊重用语。如触犯了服务对象的个人忌讳，尤其是与其身体条件、健康条件方面相关的某些忌讳。例如，面对残疾人时，切忌使用“残废”“瞎子”“聋子”等。

②不友好用语。即不够友善，甚至满怀敌意的语言。

③不耐烦用语。在接待工作中要表现出应有的热情与足够的耐心，要努力做到：有问必答，答必尽心；百问不烦，百答不厌；不分对象，始终如一。假如使用了不耐烦语，不论自己的初衷是什么，都是不对的。

④不客气用语。在劝阻服务对象不要动手乱摸乱碰时，不能够说“别乱动”“弄坏了你得赔”等不客气的语言。

第5单元

安全知识

本单元主要对涉及快递业安全的相关知识进行介绍。与快递业相关的安全知识主要包括信息安全、职业安全、快件安全和消防安全。

第一节 快件信息安全知识

培训目标

- 了解信息安全的概念
- 掌握快件安全的的内容

一、信息安全

信息安全本身包括的范围很大。大到国家军事政治等机密安全，小到如防范商业企业机密泄露、防范青少年对不良信息的浏览、个人信息的泄露等。网络环境下的信息安全体系是保证信息安全的关键，包括计算机安全操作系统、各种安全协议、安全机制（数字签名、信息认证、数据加密等），直至安全系统，其中任何一个安全漏洞便可以威胁全局安全。

信息作为一种资源，它的普遍性、共享性、增值性、可处理性和多效用性，使其对于人类具有特别重要的意义。信息安全的实质就是要保护信息系统或信息网络中的信息资源免受各种类型的威胁、干扰和破坏，即保证信息的安全性。根据国际标准化组织的定义，信息安全性的含义主要是指信息的完整性、可用性、保密性和可靠性。信息安全是任何国家、政府、部门、行业都必须十分重视的问题，是一个不容忽视的国家安全战略。但是，对于不同的部门和行业来说，其对信息安全的要求和重点却是有区别的。

二、快件安全

1. 工作期间，必须保证中转站有人留守。

2. 在快件处理的任何一个环节，除指定的工作人员外，任何人不准翻阅快件信息。

3. 不得私自抄录或向他人泄露收、寄件人的相关信息。

4. 在快件处理场所，非工作人员不得擅自进入。

5. 严禁将快件私自带到与工作无关的场所。

6. 禁止隐匿、毁弃或非法开拆快件。

7. 及时上报包装破损并有可能暴露内件信息的快件。

8. 下班时，必须检查门窗是否全部关紧锁好。

9. 所有滞留留仓件均需要存放在指定的地方，不得无关人员随便进出

10. 快件进出必须有明确的交接手续。

11. 在中转过程中确保快件摆放遵循大不压小、重不压轻、分类摆放的原则，对易碎件应轻拿轻放，并单独放置。

12. 在快件搬运的任何一个环节，都不得有“抛、摔、踩、踢、坐”快件的行为。

第二节 职业安全

培训目标

→了解从业人员的权利和义务
→掌握职业病和工伤保险的相关情况
→熟悉职业安全中的劳动防护用品

职业安全是指企业为防止职工在职业活动过程中发生各种伤亡事故为目的的工作领域及在法律、技术、设备、组织制度和教育等方面所采取的相应措施。

一、从业人员的权利和义务

1. 权利

（1）有了解其作业场所和工作岗位存在的危险因素、防范措施及事故应急措施的权利。

（2）有对本单位的安全生产工作提出建议的权利。

（3）有对本单位安全生产工作中存在的问题提出批评、检举和控告的权利。

（4）有拒绝违章指挥和强令冒险作业的权利。

（5）发现直接危及人身安全的紧急情况时，有停止作业或者采取可能的应急措施后撤离作业场所的权利。

（6）有因生产安全事故受到损害时要求赔偿的权利。

（7）有享受工伤社会保险的权利。

2. 义务

（1）在作业过程中，必须严格遵守本单位的安全生产规章制度和操作规程，服从管理，正确佩戴和使用劳动防护用品。

（2）接受安全生产教育和培训的义务。

（3）及时报告事故隐患或其他不安全因素。

二、职业病

《中华人民共和国职业病防治法》规定："职业病是指企业、事业单位和个体经济组织（以下统称用人单位）的劳动者在职业活动中，因接触粉尘、放射性物质和其他有毒、有害物质等因素而引起的疾病。"它包括九大类，分别是：

1. 职业中毒。职业中毒主要是指铅及其化合物中毒、汞及其化合物中毒等。

2. 尘肺。尘肺主要是指矽肺、煤工尘肺等。

3. 物理因素职业病。物理因素职业病主要是指中暑、减压病等。

4. 职业性眼病。职业性眼病主要是指化学性眼部烧伤、电光性眼炎等。

5. 职业性耳鼻喉疾病。职业性耳鼻喉疾病主要是指噪声聋、铬鼻病。

6. 职业性肿瘤。职业性肿瘤主要是指石棉所致肺癌、间皮癌，联苯胺所致膀胱癌等。

7. 职业性传染病。职业性传染病主要是指炭疽、森林脑炎等。

8. 职业性皮肤病。职业性皮肤病主要是指接触性皮炎、光敏性皮炎等。

9. 其他职业病。其他职业病主要是指化学灼伤、金属烟热等。

职业病必须是列在《职业病目录》中，有明确的职业相关关系，按照职业病诊断标准，由法定职业病诊断机构明确诊断的疾病。因此，在工作中得的病不一定是职业病，得了《职业病目录》中的疾病也不一定是职业病。

根据《中华人民共和国职业病防治法》规定，用人单位应当采取下列职业病防治管理措施：设置或者指定职业卫生管理机构或者组织，配备专职或者兼职的职业卫生专业人员，负责本单位的职业病防治工作；制定职业病防治计划和实施方案；建立、健全职业卫生管理制度和操作规程；建立、健全职业卫生档案和劳动者健康监护档案；建立、健全工作场所职业病危害因素监测及评价制度；建立、健全职业病危害事故应急救援预案。

三、工伤保险

工伤保险是通过社会统筹的办法，集中用人单位缴纳的工伤保险费，建立工作保险基金，对劳动者在生产经营活动中遭受意外伤害或职业病，并由此造成死亡、暂时或永久丧失劳动能力时，给予劳动者及其实用性法定的医疗救治以及必要的经济补偿的一种社会保障制度。这种补偿既包括医疗、康复所需费用，也包括保障基本生活的费用。

工伤是指职工在工作过程中因工作原因受到事故伤害或者患职业病。根据《工伤保险条例》第十四条的规定，职工有下列情形之一的，应当认定为工伤：在工作时间和工作场所内，因工作原因受到事故伤害的；工作时间前后在工作场所内，从事与工作有关的预备性或者收尾性工作受到事故伤害的；在工作时间和工作场所内，因履行工作职责受到暴力等意外伤害的；患职业病的；因工外出期间，由于工作原因受到伤害或者发生事故下落不明的；法律、行政法规规定应当认定为工伤的其他情形。

同时，根据《工伤保险条例》第十五条的规定，职工有下列情形之一的，视同工伤：在工作时间和工作岗位，突发疾病死亡或者在 48 小时之内经抢救无效死亡的；在抢险救灾等维护国家利益、公共利益活动中受到伤害的；职工原在军队服役，因战、因公负伤致残，已取得革命伤残军人证，到用人单位后旧伤复发的。

四、劳动防护用品

《中华人民共和国劳动法》第五十四条规定：“用人单位必须为劳动者提供符合国家规定的劳动安全卫生条件和必要的劳动防护用品，对从事有职业危害作业的劳动者应当定期进行健康检查。”

《中华人民共和国职业病防治法》第二十条规定：“用人单位必须采用有效的职业病防护设施，并为劳动者提供个人使用的职业病防护用品。用人单位为劳动者个人提供的职业病防护用品必须符合防治职业病的要求；不符合要求的，不得使用。”

快递业务员在工作过程中会遇到各种危险和有害因素，有可能会伤害到员工的身体和健康，甚至会致人死亡。因此，快递业务员在工作中佩戴劳动防护用品是保护的安全和健康的一种辅助措施。

1. 劳动防护用品的种类

（1）头部防护用品。头部防护用品主要指安全帽，它能分散冲击力，减轻伤害程度。

（2）呼吸器官防护用品。呼吸器官防护用品主要指防尘口罩和防毒面具等。

（3）眼、面防护用品。眼、面防护用品主要指防护眼镜和面罩等。

（4）听觉器官防护用品。听觉器官防护用品主要指耳罩和耳塞等。

（5）手、足防护用品。手、足防护用品主要指防护手套和防护鞋。例如，绝缘手套、耐酸（碱）手套、橡胶耐油手套、绝缘皮鞋、胶面防砸安全靴等。

（6）防护服装。防护服装主要是指灭火应穿的阻燃工作服，从事酸碱作业应穿戴的防酸碱工作服，以及防静电工作服等。

通常，快递业务员在日常工作中主要使用防尘口罩、面罩、防护鞋和防护手套等用品，其他防护用品根据实际工作环境的需要选择使用。

2. 劳动防护用品使用注意事项

（1）应根据《劳动防护用品配备标准》，选择和快递工作相配套的防护用品。

（2）应检查配备的防护用品是否合格，要查看生产和经营劳动防护用品的单位是否持有安全生产监督管理部门颁发的安全生产许可证和经营许可证。只有切实保证劳动防护用品的质量，才能使其真正发挥作用。

第三节　交通安全

培训目标

→了解不同运输工具交通安全的注意事项

交通安全是指人们在道路上进行活动、玩耍中，按照交通法规的规定，安全地行车、走路、避免发生人身伤亡或财物损失。

一、机动车辆交通安全注意事项

1. 常见行人和非机动车的动态特点

儿童：活泼好动，自我控制能力差，迷于玩耍，不知道车辆的危险。

老年人：行动迟缓，耳目不灵，遇到突然邻近的车辆会不知所措。

盲人：听觉灵敏，对车辆的躲避准确度差，甚至会出现方向错误。

聋哑人：与正常人的外表没有区别，但对声音没有反应。

雨中行人：撑雨伞或穿雨衣，视线和听觉受阻，反应较慢。

寒冷天的行人：穿大衣或戴棉帽时，视觉受阻，听觉下降。

无交通经验的人：不会正确的躲避车辆，车辆临近时会左右徘徊，甚至横穿道路。

赶牲畜的人：遇牲畜扰动时，会忙于保护牲畜，而忽视自身的安全。

挑担、扛农具的人：动作的范围和空间大，往往会只顾身体，而忽视担子、农具横出。

少年骑车人：对自行车平衡把握不好，会突然驶入道路中央。

青年骑车人：骑车速度快、经常会相互追逐，突然猛拐。

老年骑车人：骑车速度慢，不能及时躲避情况，容易摔倒。

负重骑车人：自行车负重或载人后，灵活性差，路面情况不好或上、下坡时容易摔倒。

夜间骑车人：标志性差，不易被发现，遇对面灯光照射时，会因眩目左右摇晃或摔倒。

雨天骑车人：行动匆忙，速度快，视线和听觉不佳，会突然横穿道路。

冰雪路骑车人：自行车稳定性极差，经常会突然摔倒。

人力车：结构简单，速度缓慢，不能及时躲让车辆。

2. 险情的预测

（1）通过学校时的险情预测。看到学校和注意到儿童标志时，应及时减速。在上学或放学时段，要预测到会有放学或上学的小学生、儿童及家长聚集或突然横穿，做好预防出现突然情况的准备。

（2）通过人行横道时的险情预测

1）驶近人行横道时，应减速或停车让行。人行横道内没有行人时，也要预测到会有行人或非机动车突然急速通过。有行人通过人行横道时，应预测到有行动缓慢的行人还滞留在人行横道上。

2）夜间通过人行横道遇对面来车没有关闭远光时，应及时减速，预防在两车灯光的交汇处有行人正在通过。

（3）通过公共汽车站时险情预测。通过停有公共汽车的站点时，应减速行驶，仔细观察周围的动态。要预测到会有乘客或行人从车前或车后突然横穿道路，非机动车或行人会超越公共汽车，公共汽车会突然起步。

（4）通过交叉路口的险情预测

1）绿色信号灯亮，直行通过交叉路口时，应注意观察路口各种动态。要预测到行人、非机动车突然横过道路，其他车辆违法转弯阻碍正常行驶路线。

2）在交叉路口左转弯时，要预测到会有行人突然横穿道路，对面左转的车辆后方有机动车直行。

3）通过视线不好的交叉路口时，要预测到两侧路口内会有车辆急速驶出，紧急制动会发生后车追尾事故。

（5）转弯时的险情预测

1）通过急转弯道时，应减速靠道路右侧行驶，要预测到转弯过急会侵占对方车道，弯道对面会有来车越过道路中心线占道行驶，如果是滑湿路面会发生侧滑。

2）在狭窄的胡同里转直角时，要预测到直弯对面有停放的车辆或突然有行人或非机动车从对面驶出。

（6）超车时的险情预测

1）超越前方停放的大型车辆时，靠近道路中心减速行驶，要预测到车门会突然打开或起步，车前会有行人、非机动车突然横穿道路。

2）前方遇有非机动车超越停放的车辆时，要预测到自行车在临近停放车辆时突然大弧度绕行，或由于绕行过急突然摔倒。

3）超越大型车辆前，要预测到对面有来车，超越过程中突然减速会发生后车追尾，超越后没有行车位置。

（7）道路阻塞时的险情预测。在交通阻塞道路上缓慢行车，要预测到摩托车、行人、非机动车从右侧突然绕到车前横穿道路，前车因异常情况紧急制动。

二、非机动车辆交通安全注意事项

1. 要经常检修自行车，保持车况完好。

2. 骑自行车要在非机动车道上靠右边行驶，不逆行；转弯时不抢行猛拐，要提前减慢速度，看清四周情况，以明确的手势示意后再转弯。

3. 经过交叉路口，要减速慢行、注意来往的行人、车辆；不闯红灯，遇到红灯要停车等候，待绿灯亮了再继续前行。

4. 骑自行车时不要双手撒把，不多人并骑，不互相攀扶。

5. 骑自行车时不攀扶机动车辆，不载过重的东西，不骑车带人，不在骑车时戴耳机听广播。

6. 骑车途中遇雨，不要为了免遭雨淋而埋头猛骑。

7. 雨天骑车，最好穿雨衣、雨披，不要一手持伞，一手扶把骑行。

8. 雨天气。道路泥泞湿滑，骑车要精力更加集中，随时准备应付突发情况，骑行的速度要比天气正常时慢些。

9. 自行车载物限制要求：高度自地面起不超过 1.5 米；宽度不宜超过车把手左右宽度 0.15 m；长度前端不超出前车轮，后端不超过车身后部 0、3 米。

三、乘坐机动车注意事项

1. 乘坐公共汽（电）车，要排队候车，按先后顺序上车，不要拥挤。上下车均应等车停稳以后，先下后上，不要争抢。

2. 不要把汽油、爆竹等易燃易爆的危险品带入车内。

3. 乘车时要坐稳扶好，没有座位时，要双脚自然分开，侧向站立，手应握紧扶手，以免车辆紧急刹车时摔倒受伤。

4. 尽量避免乘坐卡车、拖拉机；必须乘坐时，千万不要站立在后车厢里或坐在车厢板上。

5. 不要在机动车道上招呼出租汽车。

第四节　消防安全

培训目标
- 掌握常见灭火方法和灭火器的使用范围
- 掌握快件操作场地消防要求

人类的生产、生活都离不开火，但“火”一旦失控，就可能引发不可估量的灾难。对于快递企业，特别是建有存储和处理大量快件物品场地的企业，火灾造成的损失最大。因此，快件安全工作的重中之重是防火灭火。

一、火灾产生的要素

火灾产生必须具备三大要素：有可燃物质，有助燃物质，有火源。以上三要素必须同时具备，相互作用，燃烧才能发生。因此，防火灭火的基本原理和措施都是为了消除燃烧的三要素。

二、灭火方法

火灾发生后，常采用的灭火方法有隔离法、窒息法和冷却法。这些方法就是要分别采用控制燃烧的三要素，即采取控制可燃物、隔绝空气（易燃物）、消除火源的措施来灭火。

常用的灭火器材主要有水、沙、各种灭火器，还包括消火栓、消防泵、消防车等。

三、常见灭火器

常见灭火器主要借助驱动压力将充装的灭火剂喷出，达到灭火的目的。灭火器由于结构简单、操作方便、轻便灵活而使用广泛，是扑救各类初期火灾的重要消防器材。

1. 灭火器的种类

灭火器的种类很多，按其移动方式可分为机械手提式和推车式；按驱动灭火剂的动力来源可分为储气瓶式、储压式、化学反应式；按所充装的灭火剂可分为机械泡沫灭火器、干粉灭火器、卤代烷灭火器、二氧化碳灭火器、清水灭火器等。

2. 灭火器的使用

（1）清水灭火器。清水灭火器利用有压的二氧化碳（或氮气）作动力，将灭火剂喷射到着火物体上，达到灭火的目的。清水灭火器适用于扑救可燃固体物质火灾。

（2）泡沫灭火器。破灭灭火器内部充装的是水和泡沫灭火剂的混合液，依靠有压的二氧化碳气体（或氮气）的压力将泡沫混合液压送至喷射软管，经喷枪作用产生泡沫。泡沫灭火器适用于扑救液体和固体火灾。

（3）干粉灭火器。干粉灭火器是以二氧化碳气体为动力，喷射干粉灭火剂的器具。干粉灭火器适用于扑救包括油类、易燃液体、可燃气体的初起火灾。

（4）卤代烷灭火器。卤代烷灭火器适用于扑救可燃固体、易燃液体、可燃气体和带电设备的初起火灾。目前，主要使用1211灭火器。

（5）二氧化碳灭火器。二氧化碳灭火器是喷射二氧化碳灭火剂进行灭火的一种灭火器。二氧化碳灭火器适用于扑救包括贵重设备、档案资料、仪器、仪表、油脂类及600 V以下的用电装置的初起火灾。

（6）酸碱灭火器。酸碱灭火器是一种内部装有65%的工业硫酸和碳酸氢钠水溶液的灭火器。酸碱灭火器只适用于扑救普通可燃固体引起的火灾，如木材、棉花、纸张、煤炭等。

四、快件操作场地消防要求

1. 场内快件、物料码放时远离热源。
2. 出口、通道处不得摆放任何物品。
3. 场地内严禁乱拉电线。
4. 经常性地检查用电设备。
5. 禁止使用明火。
6. 定点放置消防器材。
7. 每个工作日结束，必须关闭所有电源。

五、防火管理

1. 开展防火宣传教育。
2. 遵守建筑物防火要求。
3. 加强电源和用电设备的管理。
4. 采取防静电措施。
5. 严格管理火源。
6. 配备适量的消防设备和火灾报警装置。
7. 遇火情立即报警。

第6单元

快递服务地理

本单元主要对我国和世界的地理概况进行阐述。通过学习，要了解我国和世界地理概况，掌握我国的行政区划，熟悉公路、铁路、航空交通的概况，识记部分地区地名。

第一节　中国的地理概况

培训目标

→了解中国自然地理概况

→掌握中国区域划分

一、中国自然地理概况

中国位于赤道以北，亚洲东部，太平洋西岸。

中国陆地总面积约960万平方千米，在世界各国中，仅次于俄罗斯和加拿大，居第三位，差不多同整个欧洲面积相等，是亚洲面积最大的国家。中国领土东西距离约5 200千米，南北距离约5 500千米，最东端在黑龙江省的黑龙江和乌苏里江主航道中线的相交处，最西端在新疆帕米尔高原，最南在南海南沙群岛的曾母暗沙，最北端在黑龙江省漠河以北的黑龙江主航道中心线上。

中国的大陆海岸线全长约18 000千米，北起中朝边界的鸭绿江口，南到中越边界的北仑河口，沿海有许多优良港湾。我国的邻海，从北到南依次为渤海、黄海、东海和南海。

与中国陆地相邻的国家有14个：东邻朝鲜，西邻阿富汗、巴基斯坦，南邻缅甸、老挝、越南，北邻俄罗斯、蒙古，西北邻哈萨克斯坦、吉尔吉斯斯坦、塔吉克斯坦，西南邻印度、不丹、尼泊尔。同中国隔海相望的国家有6个：东面是韩国、日本，南面是马来西亚、文莱、印度尼西亚，东南面是菲律宾。

二、中国的区域划分

1. 中国现行的行政区域划分

《中华人民共和国宪法》第三十条规定："中华人民共和国的行政区域划分如下：（一）全国分为省、自治区和直辖市；（二）省、自治区分为自治州、县、自治县、市；（三）县、自治县分为乡、民族乡、镇。直辖市和较大的市分为区、县。自治州分为县、自治县、市。自治区、自治州、自治县都是民族自治地区。"

《中华人民共和国宪法》第三十一条规定："国家在必要时设立特别行政区。"目前，我国设有香港和澳门两个特别行政区。

目前，中国有34个省级行政区，即23个省、4个直辖市、5个自治区和2个特别行政区。

2. 经济区域划分

（1）三大地带

1）东部地带。东部地带包括北京、天津、河北、辽宁、上海、江苏、浙江、福建、山东、广东和海南等11个省市。

2）中部地带。中部地带包括山西、吉林、黑龙江、安徽、江西、河南、湖北、湖南等 8 省。

3）西部地带。西部地带包括重庆、四川、贵州、云南、西藏、陕西、甘肃、青海、宁夏、新疆、广西、内蒙古等 12 个省、自治区。

（2）八大区域

1）东北地区。东北地区包括辽宁、吉林、黑龙江三省，总面积 79 万平方千米。这一地区自然条件和资源结构相近，相互联系比较紧密。

2）北部沿海地区。北部沿海地区包括北京、天津、河北、山东两市两省，总面积 37 万平方千米。这一地区地理位置优越，交通便捷，科技教育文化事业发达，在对外开放中成绩显著。

3）东部沿海地区。东部沿海地区包括上海、江苏、浙江一市两省，总面积 21 万平方千米。这一地区现代化起步早，历史上对外经济联系密切，改革开放后在许多领域先行一步，人力资源丰富，发展优势明显。

4）南部沿海地区。南部沿海地区包括福建、广东、海南三省，总面积 33 万平方千米。这一地区面临港、澳、台地区，社会资源丰富，对外开放程度高。

5）黄河中游地区。黄河中游地区包括陕西、山西、河南、内蒙三省一区，总面积 160 万平方千米。这一地区自然资源尤其是煤炭和天然气资源丰富，地处内陆，战略地位重要，对外开放不足，结构调整任务艰巨。

6）长江中游地区。长江中游地区包括湖北、湖南、江西、安徽四省，总面积 68 万平方千米。这一地区农业生产条件优良，人口稠密，对外开放程度低，产业转型压力大。

7）西南地区。西南地区包括云南、贵州、四川、重庆、广西三省一市一区，总面积 134 万平方千米。这一地区地理位置偏远，土地贫瘠，贫困人口多。

8）大西北地区。大西北地区包括甘肃、青海、宁夏、西藏、新疆两省三区，总面积 398 万平方千米。这一地区自然条件恶劣，地广人稀，市场狭小。

综上所述，八大区域中，大西北地区地域最为宽阔，西南地区人口最为众多，东部沿海地区最为富庶。综合各特征，东部沿海地区经济实力、产业能力最强，市场前景最大。

3. 主要经济发展区域

长江三角洲（简称长三角）、珠江三角洲（简称珠三角）和环渤海地区是目前我国三大主要的经济发展区域。

（1）长三角区。长三角区包括上海市、江苏省和浙江省。它紧邻东海，是长江和钱塘江在入海处冲积成的三角洲，长江三角洲城市群是我国城市化程度最高、城镇分布最密集、经济发展水平最高的地区。

（2）珠三角区。珠三角区位于广东省东部沿海，是西江、北江共同冲积成的大三角洲与东江冲积成的小三角洲的总称，包括广州、深圳、珠海、佛山、东莞、江门、中山、惠州市区、博罗县、惠东县、肇庆市区、四会市和高要市。水陆交通发达，与海外联系便捷，是沿海南部通向世界的重要门户地区。近些年来又提出了“泛珠三角”的概念，其中包括广东、福建、湖南、江西、广西、四川、海南、云南、贵州九个省区和香港、澳门两个特别行政区，简称为“9+2”。这说明了珠三角有着巨大的拓展空间，并且有望成为世界瞩目的特大经济区。

（3）环渤海区。环渤海区是指环绕着渤海全部及黄海的部分沿岸地区所形成的经济区域，位于中国沿太平洋西岸的北部，在中国对外开放的沿海发展战略中，占有重要地位。环渤海区包括北京、天津两大直辖市以及辽宁、河北、山东、山西和内蒙古中部地区，共五省（区）二市。国家有关部门正式确立了“环渤海经济区”的概念，并对其进行了单独的区域规划。环渤海区是中国交通网络最为密集的区域之一，是我国航空、海运、公路、铁路、通信网络的枢纽地带，是沟通东北、华北、西北经济和中国商品进入国际市场的重要集散地。

三、中国的交通运输

我国的运输方式主要有铁路、公路、水路、航空和管道。其中，管道在快递业务中不采用，所以只介绍其余四类运输方式。

1. 铁路运输

铁路运输能远距离运输大批量货物，是货运的主要方式。同时，铁路运输营运的变动成本较低，使其总成本要低于公路和航空运输。

目前，我国铁路已基本形成以北京为中心，以四纵、三横、三网和关内外三线为骨架，可通达全国的省市区的铁路网。这里的四纵是指京广线、京九线、京沪线、北同蒲—太焦—焦柳线；三横是指京秦—京包—包兰—兰青—青藏线、陇海—兰新线、沪杭—浙赣—湘黔—贵昆线；三网指的是东北铁路网、西南铁路网和台湾铁路网；关内外三线是京沈线、京通线和京承—锦承线。

2. 公路运输

公路运输具有灵活性，所以市场覆盖面最高，最适合递送短距离产品，且固定成本很低。

2004 年 12 月交通部发布了《国家高速公路网规划》，采用放射线与纵横网格相结合的布局形态，构成由中心城市向外放射以及横连东西、纵贯南北的公路交通大通道，包括 7 条首都放射线、9 条南北纵向线和 18 条东西横向线，简称为“7918 网”。国家高速公路网规划建成后，可以形成“首都连接省会、省会彼此相通、连接主要地市、覆盖重要县市”的高速公路网络。这个网络直接服务区域 GDP 占全国总量的 85%以上；实现东部地区平均 30 分钟、中部地区平均 1 小时、西部地区平均 2 小时抵达高速公路，客货运输的机动性将有显著提升。

7 条首都放射线：北京—上海、北京—台北、北京—港澳、北京—昆明、北京—拉萨、北京—乌鲁木齐、北京—哈尔滨。

9 条南北纵向线：鹤岗—大连、沈阳—海口、长春—深圳、济南—广州、大庆—广州、二连浩特—广州、包头—茂名、兰州—海口、重庆—昆明。

18 条东西横向线：绥芬河—满洲里、珲春—乌兰浩特、丹东—锡林浩特、荣成—乌海、青岛—银川、青岛—兰州、连云港—霍尔果斯、南京—洛阳、上海—西安、上海

—成都、上海—重庆、杭州—瑞丽、上海—昆明、福州—银川、泉州—南宁、厦门—成都、汕头—昆明、广州—昆明。

3. 航空运输

航空运输主要优点是速度快，固定成本较低，但受到燃料消耗，维修保养等费用限制，其变动成本很高。

我国航线分为国际航线和国内航线，国内航线又可分为干线航线和支线航线。干线航线是指连接北京和各省会、直辖市、自治区首府或各省、自治区所属城市之间的航线；支线航线则是指一个省或自治区之内的各城市之间的航线。

4. 水路运输

水路运输是最古老的运输方式，是大宗货物的主要运输方式，但速度慢、连续性较差，因此快递运输中采用水路运输方式较少。

我国的主要内河航道有长江航道、珠江航道和京杭大运河。

第二节 世界地理概况

培训目标

→了解世界自然地理概况、区域划分和时区

→掌握我国的主要国际运输方式

一、世界自然地理概况

地球是太阳系自中心向外的第三颗行星，已有 46 亿年的历史。到太阳的平均距离是 149 573 000 千米（日地平均距离被称做一个天文单位）。

地球表面大部分是海洋，陆地只占一小部分。地球表面总面积约 5.1 亿平方千米，其中陆地面积约 1.49 亿平方千米，占地表总面积的 29.2%，海洋面积约 3.61 亿平方千米，占总面积的 70.8%。

地球表面的海洋是相互沟通的，根据海陆分布形势，海洋可分为四部分，即通常所说的四大洋，按面积大小依次为太平洋、大西洋、印度洋和北冰洋。

地球表面的陆地被海洋分割成大小不等的许多块，通常把海洋所包围的大面积陆地叫做大陆，小块陆地叫做岛屿。大陆及其附近的岛屿合称为洲。地球上有七大洲，按面积大小依次为亚洲、非洲、北美洲、南美洲、南极洲、欧洲和大洋洲。

二、世界区域划分

亚洲是世界第一大洲，位于东半球的东北部，按地理方位分为东亚、东南亚、南亚、西亚、中亚和北亚。亚洲主要有中国、日本、韩国、印度、柬埔寨、伊朗、哈萨克斯坦等 48 个国家和地区。

非洲作为世界第二大洲，位于亚洲的西南，按地理方位分为北非、西非、中非、东非和南非。非洲主要有埃及、肯尼亚、南非、尼日利亚等 56 个国家和地区。

北美洲是世界第三大洲，位于西半球北部。主要有加拿大、美国、墨西哥、巴拿马等 37 个国家和地区。

欧洲位于亚洲西面，按地理方位分为东欧、西欧、南欧、北欧和中欧。欧洲主要有俄罗斯、英国、法国、荷兰、意大利、德国、芬兰、西班牙、瑞典等 45 个国家和地区。

南美洲位于西半球南部。主要有巴西、阿根廷、智利、乌拉圭等 12 个国家和地区。

大洋洲介于亚洲和南极洲之间，全洲主要有新西兰、汤加、斐济等 14 个独立国家和十几个地区。

三、时区

地球自西向东自转，为了克服太阳出现时间上的混乱，1884 年在华盛顿召开的国际经度会议上，规定将地球表面按经线平均划分为 24 个时区，每个时区跨经度为 15 度，时间正好是 1 小时。

世界时区划分以经过英国伦敦格林尼治天文台的经线即 0 度经线为标准，首先分别向东、西方向各跨 7.5 度，也就是西经 7.5 度到东经 7.5 度这一时区是中时区（零时区），然后中时区以东是东 1～东 12 区，以西是西 1～西 12 区。每个时区的中央经线上的时间就是这个时区内统一采用的时间，称为区时。因此，向西走，每过一个时区，就要将表拨慢 1 小时；向东走，每过一个时区，就要将表拨快 1 小时。我国把首都北京所在的东 8 区的时间作为全国的统一时间，称为北京时间。

第7单元

计算机知识

本单元主要介绍了计算机硬件、软件基础知识，计算机网络基础知识，计算机病毒知识以及计算机的日常维护常识。

第一节　计算机基础知识

培训目标

→了解计算机的组成

→了解计算机硬件和软件

一个完整的计算机系统包括硬件系统和软件系统两大部分。计算机硬件是指计算机系统中的各种物理装置，是计算机系统的物质基础，如中央处理器、存储器、输入/输出设备等。计算机软件是相对于硬件系统而言的。软件系统着重解决如何管理和使用机器的问题。硬件和软件是相辅相成的，没有任何软件支持的计算机称为裸机。裸机本身几乎不具备任何功能，只有配备一定的软件，才能发挥其功能。

一、计算机硬件系统

按照冯·诺依曼的计算机结构思想，计算机硬件系统由五部分构成，即运算器、控制器、存储器、输入设备和输出设备。

1. 输入设备

输入设备是用来向计算机主机输入程序和数据的设备，计算机常用的输入设备有键盘、鼠标、扫描仪等。

2. 运算器

运算器是计算机中进行算术运算和逻辑运算的部件。

3. 控制器

控制器是统一控制和指挥计算机的各个部件协调工作的部件。在控制器的控制下，计算机能够自动按照程序设定的步骤进行一系列指定的操作，以完成特定的任务。

运算器和控制器合称为中央处理器（CPU），是计算机系统的核心部件。

4. 存储器

存储器是用来存储程序和数据的部件。存储器可以在控制器控制下对数据进行存取操作。人们把数据从存储器中取出的过程称为“读”，把数据存入存储器的过程称为“写”。通常将存储器分为内存储器（内存）和外存储器（外存）。内存储器又称为主存储器，是主机的一部分，可以由中央处理器直接访问，优点是存取速度快，但存储容量小，主要用来存放系统正在处理的数据。外存储器又叫辅助存储器，如硬盘、软盘、光盘等。存放在外存储器中的数据必须调入内存储器后才能运行。外存储器存取速度慢，但存储容量大，主要用来存放暂时不用，但又需长期保存的程序或数据。

5. 输出设备

输出设备是将计算机处理的数据、计算结果等内部信息按人们要求的形式输出。常见的输出设备有显示器、打印机、绘图仪等。

中央处理器和内存储器合称为主机，各种输入设备、输出设备、外存储器称为外部设备。

二、计算机软件系统

计算机软件是指在计算机硬件上运行的各种程序及有关文档资料的总称。它的作用在于对计算机硬件资源的有效控制与管理，提高计算机资源的使用效率，协调计算机各组成部分的工作，并在硬件提供的基本功能的基础上，扩大计算机的功能，提高计算机实现和运行各类应用任务的能力；同时向用户提供尽可能方便、灵活的计算机操作使用界面和诊断等所需要的工具。

计算机软件系统包括系统软件和应用软件。系统软件一般由计算机厂商提供，应用软件是为解决某一问题而由用户或软件公司开发的。

1. 系统软件

系统软件是指管理、监控和维护计算机资源（包括硬件及软件）的软件，它主要包括操作系统、各种语言处理程序以及各种工具软件等。

（1）操作系统。操作系统是控制和管理计算机硬件和软件资源、合理地组织计算机工作流程并方便用户充分且有效地使用计算机资源的程序集合。操作系统是系统软件的核心，是用户与计算机之间的接口，也是其他系统软件和应用软件能够在计算机上运行的基础。

目前，计算机上常用的操作系统有：DOS，Windows，UNIX，Linux 等，其中基于图形界面、多任务的 Windows 操作系统使用最为广泛。

（2）程序设计语言及处理程序。人们要利用计算机解决实际问题，一般首先要编写程序。程序设计语言就是用来编写程序的语言，它是人与计算机之间交换信息的工具。程序设计语言一般分为机器语言、汇编语言和高级语言三大类。

（3）工具软件。工具软件又称服务软件，它是开发和研制各种软件的工具，常见的工具软件有诊断程序、调试程序、编辑程序等。这些工具软件为用户编制计算机程序及使用计算机提供了方便。

1）诊断程序。诊断程序是面向计算机维护的一种软件，功能是诊断计算机各部件能否正常工作。例如，对计算机加电后，一般都首先运行 ROM 中的一段自检程序，以检查计算机系统是否能正常工作。这段自检程序就是一种最简单的诊断程序。

2）调试程序。调试程序是程序开发者的重要工具，用于对程序尤其大型程序进行调试。例如，DEBUG 就是一般计算机系统中常用的一种调试程序。

3）编辑程序。编辑程序是计算机系统中不可缺少的工具软件，主要用于输入、修改、编辑程序或数据。

2. 应用软件

应用软件是指专门为解决某个应用领域内的具体问题而编制的软件，由于计算机的应用几乎已渗透到了各个领域，所以应用程序也是多种多样的。

常用的应用软件有以下五类：

（1）各种信息管理软件。

（2）各种文字处理软件。

（3）各种计算机辅助设计软件和辅助教学软件。

（4）实时控制软件。

（5）各种软件包，如数值计算程序库、图形软件包等。

第二节　计算机网络基础

培训目标

→掌握计算机网络的概念

→了解计算机网络的功能及应用

计算机网络是利用通信线路和通信设备，把分布在不同地理位置的具有独立功能的多台计算机、终端及附属设备互相连接，按照网络协议进行数据通信，利用功能完善的网络软件实现资源共享的计算机系统的集合。计算机网络是计算机技术与通信技术结合的产物。

一、计算机网络的基本功能

计算机网络最主要的功能是资源共享和通信，除此之外还有负荷均衡、分布处理和提高系统安全与可靠性等功能。

1. 软、硬件共享

计算机网络允许网络上的用户共享网络上各种不同类型的硬件设备，可共享的硬件资源有：高性能计算机、大容量存储器、打印机、图形设备、通信线路和通信设备等。共享硬件的好处是提高硬件资源的使用效率、节约开支。

现在已经有许多专供网上使用的软件，如数据库管理系统、各种 Internet 信息服务软件等。共享软件允许多个用户同时使用，并能保持数据的完整性和一致性。特别是客户机/服务器（Client/Server，C/S）和浏览器/服务器（Browser/Server，B/S）模式的出现，人们可以使用客户机来访问服务器，而服务器软件是共享的。在 B/S 方式下，软件版本的升级修改，只要在服务器上进行，全网用户都可立即享受。可共享的软件种类很多，包括大型专用软件、各种网络应用软件、各种信息服务软件等。

2. 信息共享

信息也是一种资源，Internet 就是一个巨大的信息资源宝库，其上有极为丰富的信息，它就像是一个信息的海洋，有取之不尽、用之不竭的信息与数据。每一个接入 Internet 的用户都可以共享这些信息资源。可共享的信息资源有：搜索与查询的信息，Web 服务器上的主页及各种链接，FTP 服务器中的软件，各种各样的电子出版物，网上消息、报告和广告，网上大学，网上图书馆等。

3. 通信

通信是计算机网络的基本功能之一，它可以为网络用户提供强有力的通信手段。建设计算机网络的主要目的就是让分布在不同地理位置的计算机用户能够相互通信、交流信息。计算机网络可以传输数据以及声音、图像、视频等多媒体信息。利用网络的通信功能，可以发送电子邮件、打电话、在网上举行视频会议等。

4. 负荷均衡与分步处理

负荷均衡是指将网络中的工作负荷均匀地分配给网络中的各计算机系统。当网络上某台主机的负载过重时，通过网络和一些应用程序的控制和管理，可以将任务交给网络上的其他计算机去处理，充分发挥网络系统上各主机的作用。

分步处理是指将一个作业的处理分为三个阶段：提供作业文件；对作业进行加工处理；把处理结果输出。在单机环境下，上述三步都在本地计算机系统中进行。在网络环境下，根据分步处理的需求，可将作业分配给其他计算机系统进行处理，以提高系统的处理能力，高效地完成一些大型应用系统的程序计算以及大型数据库的访问等。

5. 系统的安全与可靠性

系统的安全与可靠性对于军事、金融和工业过程控制等部门的应用特别重要。计算机通过网络中的其余部件可大大提高可靠性。例如，在工作过程中，一台计算机出了故障，可以使用网络中的另一台计算机；网络中一条通信线路出了故障，可以取道另一条线路，从而提高了网络整体系统的可靠性。

二、计算机网络的基本应用

随着现代信息社会进程的推进、通信和计算机技术的迅猛发展，计算机网络的应用也越来越普及，它几乎深入到社会的各个领域。

1. 在科研、教育中的应用

通过全球计算机网络，科技人员可以在网上查询各种文件和资料，可以互相交流学术思想和交换实验资料，甚至可以在计算机网络上进行国际合作研究项目。在教育方面可以开设网上学校，实现远程授课，学生可以在家里或其他可以将计算机接入计算机网络的地方利用多媒体交互功能听课，有什么不懂的问题可以随时提问和讨论。学生可以从网上获得学习参考资料，并且可通过网络交付作业和参加考试。

2. 在办公中的应用

计算机网络可以使单位内部实现办公自动化，实现软、硬件资源共享。如果将单位内部网络接入 Internet，还可以实现异地办公。如通过 WWW 或电子邮件，公司可以很方便地与分布在不同地区的子公司或其他业务单位建立联系，及时地交换信息。在外的员工通过网络还可以与公司保持通信，得到公司的指示和帮助。企业可以通过 Internet，搜集市场信息并发布企业产品信息。

3. 在商业上的应用

随着计算机网络的广泛应用，电子数据交换（EDI）已成为国际贸易往来的一个重要手段，它以一种被认可的数据格式，使分布在全球各地的贸易伙伴可以通过计算机传输各种贸易单据，代替了传统的贸易单据，节省了大量的人力和物力，提高了效率。通过网络可以实现网上购物和网上支付。

4. 在通信、娱乐上的应用

20 世纪个人之间通信的基本工具是电话，21 世纪个人之间通信的基本工具是计算机网络。目前，计算机网络所提供的通信服务包括电子邮件、网络寻呼与聊天、BBS、网络新闻和 IP 电话等。

家庭娱乐正在对信息服务业产生着巨大的影响，它可以让人们在家里点播电影和电视节目。新的电影可能成为交互式的，观众在看电影时可以不时参与到电影情节中去，家庭电视也可以成为交互式的，观众可以参与到猜谜等活动之中。家庭娱乐中最重要的应用可能是在游戏上。目前，已经有很多人喜欢上多人实时仿真游戏。如果使用虚拟现实的头盔和三维、实时、高清晰度的图像，人们就可以共享虚拟现实的很多游戏和进行多种训练。

随着网络技术的发展和各种网络应用的需求增加，计算机网络应用的范围在不断扩大，应用领域越来越拓宽，越来越深入，许多新的计算机网络应用系统不断地被开发出来，如工业自动控制、辅助决策、虚拟大学、远程教学、远程医疗、管理信息系统、数字图书馆、电子博物馆、全球情报检索与信息查询、网上购物、电子商务、电视会议、视频点播等。

三、计算机网络的主要技术

1. TCP/IP 协议

Internet 就是由许多小的网络构成的国际性大网络，在各个小网络内部使用不同的协议，正如不同的国家使用不同的语言，为了使它们之间能进行顺畅的信息交流，就产生了网络世界语——TCP/IP 协议。

2. IP 地址

网际协议地址（即 IP 地址）是为了标志 Internet 上主机位置而设置的。Internet 上的每一台计算机都被赋予一个世界上唯一的 32 位 Internet 地址（Internet Protocol Address，简称 IP Address），这一地址可用于与该计算机有关的全部通信。为了方便起见，在应用上以 8 bit 为一单位，组成 4 组十进制数字来表示每一台主机的位置。

一般的 IP 地址由 4 组数字组成，每组数字介于 0～255，如某一台计算机的 IP 地址可为：202.206.65.115。

3. 域名地址

尽管 IP 地址能够唯一地标志网络上的计算机，但 IP 地址是数字型的，用户记忆这类数字十分不方便，于是人们又发明了另一套字符型的地址方案，即所谓的域名地址。IP 地址和域名是一一对应的。例如，某单位的 IP 地址是 202.206.64.33，对应域名地址为 www.×××.edu.cn。这份域名地址的信息存放在一个叫域名服务器（DNS，Domain Name Server）的主机内，使用者只需了解易记的域名地址，其对应转换工作就留给了域名服务器 DNS。DNS 就是提供 IP 地址和域名之间的转换服务的服务器。

域名地址是从右至左来表述其意义的，最右边的部分为顶层域，最左边的则是这台主机的机器名称。一般域名地址可表示为：主机机器名 . 单位名 . 网络名 . 顶层域名。例如，dns.×××.edu.cn，这里的 dns 是该单位的一个主机的机器名，×××代表该单位，edu 代表中国教育科研网，cn 代表中国，顶层域一般是网络机构或所在国家地区的名称缩写。

域名由两种基本类型组成：以机构性质命名的域和以国家地区代码命名的域。常见的以机构性质命名的域，一般由 3 个字符组成，如表示商业机构的“com”，表示教育机构的“edu”等。以机构性质或类别命名的域见表 7—1。

表 7—1　以机构性质或类别命名的域

域名	含义
com	商业机构
edu	教育机构
gov	政府部门
mil	军事机构
net	网络组织
int	国际机构（主要指北约）
org	其他非营利组织

以国家或地区代码命名的域，一般用两个字符表示，是为世界上每个国家和一些特殊的地区设置的，如中国为“cn”、日本为“jp”、美国为“us”等。但是，美国国内很少用“us”作为顶级域名，而一般都使用以机构性质或类别命名的域名。表 7—2 介绍了一些常见的国家或地区代码命名的域。

表 7—2　常见的国家或地区代码命名的域

域名	国家或地区	域名	国家或地区
ar	阿根廷	nl	荷兰
au	澳大利亚	nz	新西兰
at	奥地利	ni	尼加拉瓜
br	巴西	no	挪威
ca	加拿大	pk	巴基斯坦
co	哥伦比亚	pa	巴拿马
cr	哥斯达黎加	pe	秘鲁
cu	古巴	ph	菲律宾
dk	丹麦	pl	波兰
eg	埃及	pt	葡萄牙
fi	芬兰	pr	波多黎各
fr	法国	ru	俄罗斯
de	德国	sa	沙特阿拉伯
gr	希腊	sg	新加坡
gl	格陵兰	za	南非
hk	中国香港	es	西班牙

续表

域名	国家或地区	域名	国家或地区
is	冰岛	se	瑞典
in	印度	ch	瑞士
ie	爱尔兰	th	泰国
il	以色列	tr	土耳其
it	意大利	gb	英国
jm	牙买加	us	美国
jp	日本	vn	越南
mx	墨西哥	tw	中国台湾
cn	中国	—	—

4. 统一资源定位器

统一资源定位器，又叫 URL（Uniform Resource Locator），是专为标志 Internet 网上资源位置而设的一种编址方式，平时所说的网页地址指的就 URL，它一般由三部分组成：传输协议：//主机 IP 地址或域名地址/资源所在路径和文件名。如今日上海联线的 URL 为：http：//china－window. com/shanghai/news/wnw. html，这里 http 指超文本传输协议，china－window. com 是其 Web 服务器域名地址，shanghai/news 是网页所在路径，wnw. html 才是相应的网页文件。

标志 Internet 网上资源位置的 3 种方式：

IP 地址：202. 206. 64. 33

域名地址：dns. hebust. edu. cn

URL：http：//china－window. com/shanghai/news/wnw. html

下面是常见的 URL 中定位和标志的服务或文件：

http：文件在 Web 服务器上。

file：文件在您自己的局部系统或匿名服务器上。

ftp：文件在 FTP 服务器上。

gopher：文件在 gopher 服务器上。

wais：文件在 wais 服务器上。

news：文件在 Usenet 服务器上。

telnet：连接到一个支持 Telnet 远程登录的服务器上。

第三节 计算机病毒知识

培训目标

→掌握计算机病毒的定义及特点

→掌握常见计算机病毒的防护

随着计算机的普及及网络技术的发展，计算机使用时的安全问题就变得尤为重要。计算机病毒与医学上的“病毒”不同，它不是天然存在的，而是某些人利用计算机软、硬件所固有的脆弱性，编制或者在计算机程序中插入的破坏计算机功能或者破坏数据，影响计算机使用并且能够自我复制的一组计算机指令或者程序代码，具有破坏性、复制性和传染性。

一、计算机病毒的产生

计算机病毒不是来源于突发或偶然的原因。一次突发的停电和偶然的错误，会在计算机的磁盘和内存中产生一些乱码和随机指令，但这些代码是无序和混乱的。病毒则是一种比较完美的、精巧严谨的代码，按照严格的秩序组织起来，并与所在的系统网络环境相适应和配合起来。病毒不会通过偶然形成，并且需要有一定的长度，这个基本的长度从概率上来讲是不可能通过随机代码产生的。现在流行的病毒是由人为故意编写的，多数病毒可以找到作者和产地信息。从大量的统计分析来看，病毒作者主要情况和目的是：一些天才的程序员为了表现自己和证明自己的能力，出于对上司的不满，为了好奇，为了报复，为了得到控制口令，为了软件拿不到报酬预留的陷阱等。当然也有因政治、军事、宗教、民族、专利等方面的需求而专门编写的，其中也包括一些病毒研究机构和黑客的测试病毒。

二、计算机病毒的传播

计算机病毒可以通过存储设备进行传播，如硬盘、光盘等，也可以通过计算机网络进行传播。计算机病毒的传播必须同时具备两个条件：一是计算机系统处于运行状态；二是计算机要有对磁盘的读写操作或文件传送操作。计算机病毒在传播时要先进入并存储在内存中，然后寻找机会进行传染，找到攻击目标后进行病毒复制和破坏。

三、计算机病毒的特征

计算机病毒具有以下六个特征：

1. 寄生性

计算机病毒寄生在其他程序之中，当执行这个程序时，病毒就起破坏作用，而在未启动这个程序之前，它是不易被人发觉的。

2. 传染性

计算机病毒不但本身具有破坏性，更有害的是其具有传染性，这也是衡量一个程序是否为病毒的首要条件。计算机病毒能使自身的代码强行传染到一切符合其传染条件的未受到传染的程序之上，一旦病毒被复制或产生变种，其速度之快令人难以预防。

3. 潜伏性

有些病毒像定时炸弹一样，让它什么时间发作是预先设计好的。一个编制精巧的计算机病毒程序，进入系统之后一般不会马上发作，可以在几周或者几个月内甚至几年内隐藏在合法文件中，对其他系统进行传染，而不被人发现，潜伏性越好，其在系统中的存在时间就会越长，病毒的传染范围就会越大。

4. 隐蔽性

计算机病毒具有很强的隐蔽性，有的可以通过病毒软件检查出来，有的根本就查不出来，有的时隐时现、变化无常，这类病毒处理起来通常很困难。

5. 破坏性

计算机中毒后，可能会导致正常的程序无法运行，使计算机内的文件受到不同程度的损坏。通常表现为：增、删、改、移。

6. 可触发性

病毒因某个事件或数值的出现，诱使病毒实施感染或进行攻击的特性称为可触发性。病毒具有预定的触发条件，这些条件可能是时间、日期、文件类型或某些特定数据等。病毒运行时，触发机制检查预定条件是否满足，如果满足，启动感染或破坏动作，使病毒进行感染或攻击；如果不满足，使病毒继续潜伏。

四、计算机病毒的检测与防治

1. 计算机病毒的检测

计算机病毒是具有潜伏性的，因此没有发作前很难被察觉，当计算机病毒发作时可以根据计算机运行状态出现的异常进行判断。常见的症状有以下 8 种：

（1）经常出现死机现象。

（2）系统启动时间比平时长。

（3）磁盘访问时间比平时长。

（4）有规律地出现异常画面或信息。

（5）打印出现问题。

（6）可用存储空间比平时小。

（7）程序或数据神秘地丢失。

（8）可执行文件的大小发生变化。

2. 计算机病毒的防治

计算机一旦感染病毒，可能给用户带来无法恢复的损失。因此在使用计算机时，要采取一定的措施来预防病毒，降低损失。

具体防护措施：不使用来历不明的程序或软件；在使用移动存储设备之前应先杀毒，在确保安全的情况下再使用；安装防火墙，防止网络上的病毒入侵；安装最新的杀毒软件，并定期升级，实时监控；养成良好的计算机使用习惯，定期优化、整理磁盘，养成定期全面杀毒的习惯；对于重要的数据信息要经常备份，以便在计算机遭到破坏后能及时得到恢复。

计算机病毒及其防御措施都是在不停发展和更新的，因此人们应做到认识病毒，了解病毒，及早发现病毒并采取相应的措施，从而确保计算机能安全工作。

第四节　计算机的日常维护

培训目标　→熟悉计算机日常维护的方法

计算机日常维护分计算机环境维护和计算机系统维护两方面。其中，环境维护主要指对影响计算机正常使用的外部环境进行一定的控制和管理，使其最大限度地保证计算机系统的正常运行；系统维护主要指对计算机软件和硬件的控制与管理，使其能保证正常稳定的工作状态。

一、环境维护

一般来说，计算机系统在正常使用过程中，其外界温度、湿度、灰尘、外接电源、摆放位置等因素都会对计算机系统是否能保持良好的工作状态产生很大的影响。因此，要从以下几方面加强维护工作。

1. 控制外界温度

外界环境温度过高会使计算机元器件特别是集成电路内部产生的巨大热量不易散发，从而加速元器件的老化，集成电路还会因为过高的温度而产生电子迁移现象，引发计算机故障。

2. 保持一定的空气湿度

计算机系统外界空气湿度过高，计算机硬件之间的触点容易氧化、锈蚀，不仅使其接触性能变差，而且还有可能引起电路短路，引发计算机故障。而空气中湿度过低，容易产生静电干扰，损坏元器件。

3. 注意环境清洁

计算机外部环境不清洁会造成大量灰尘侵入计算机机箱内部，并逐渐积累在主板、显卡等板卡表面，日积月累容易引发接口接触不良或短路等故障，也容易引起光驱读写错误。

4. 远离电磁干扰

较强的磁场环境不仅可能造成磁盘数据的损失，而且还会使计算机出现一些莫名其妙的故障。如显示器可能会产生花屏、抖动，音箱出现噪声等。这种电磁干扰主要来源于无线通信设备、大功率电器以及较大功率的变压器等，因此在使用计算机时应尽量使其远离这些干扰源。

5. 稳定的外部电源

日常户用电压的不稳定是造成计算机启动故障的一个重要原因。电压过低，计算机不仅不易启动，而且正常运行时，过低的电压也有可能使计算机重复启动。电压过高则有可能损害计算机硬件。因此，如果电压不稳定时，最好给计算机配备一个稳压电源。

二、系统维护

计算机系统维护主要涉及用户使用计算机的习惯以及计算机软件和硬件的日常维护工作等几个方面。可以说，计算机系统维护的好坏是除了软、硬件自身的质量问题外，最重要的一个计算机故障原因。计算机系统维护工作做得好，其故障发生频率就低，反之，故障发生频率就有可能比较高。

一般来说，日常计算机系统维护主要从硬件维护和软件维护两方面着手，其中既对用户日常使用计算机硬件设备的习惯做了要求，又对用户日常软件系统的维护内容做了规定。

1. 用户习惯与硬件维护要求

（1）开机时，先外设后主机，即先打开外设电源（如显示器、打印机、扫描仪等），然后再打开主机电源；关机时，先主机后外设，即先关闭主机电源，然后再关闭外部设备电源，顺序正好和开机相反。

（2）不要频繁地开关机，并且每次关机后再开机时，必须保证一定的时间间隔。

（3）计算机通电启动后，不要随意移动主机箱，并保证计算机工作台的稳定，避免因振动而造成硬盘表面的划伤及板卡的松动，从而造成不应有的损失。

（4）定期清洁计算机，保持计算机设备外观干净整洁，内部没有过多的灰尘。清洁计算机外部时，注意不要使用有机溶剂（如橡胶水等）；清洁计算机内部时，注意选择使用柔软防静电的清洁工具（如羊毛刷、皮老虎等）。除此之外，还要注意以下几点：

1）风道的整理与清洁。风道畅通是机箱内外部空气快速流通的重要保证。

2）风扇的清洁。在清除灰尘后，在风扇转轴处添加少量润滑油，加强润滑。

3）清洁插头、座、槽、卡板金手指部分的清洁。金手指的清洁，可以用橡皮擦拭，也可以用酒精棉擦拭；插头、座、槽的金属引脚上产生氧化现象时，可以用酒精擦拭去除，也可以用金属片（如小型一字旋具）在金属引脚上轻轻刮擦。

4）集成块、元器件等引脚处的清洁。清洁时，可用小毛刷、皮老虎或吸尘器去除灰尘，同时观察引脚有无虚焊和潮湿的现象，以及元器件是否有变形、变色或漏液现象。

（5）在增删计算机的硬件设备或对计算机进行清洁时，必须要断掉与电源的连接，并释放身体静电。操作时应尽量避免用手直接接触电路板上的连线及集成电路的引脚，以免人体所带的静电损坏这些元器件。

（6）拆卸机箱内部配件进行维护时，一定要注意拧下来的螺钉必须全部重新上到位，绝不能丢失螺钉，以免螺钉掉到主板上引起短路。

2. 软件维护

计算机维护不仅需要进行硬件维护，同时还应进行软件维护，这样才能全面保证计算机稳定可靠地运行。

（1）软件系统初始安装的维护准备。这里的软件系统既包括系统软件，也包括应用软件。

1）软件系统与用户数据分区分离。软件系统与用户数据分离保证了今后维护的便利性。如今用户的硬盘动辄数百 GB，如此巨量的硬盘如果没有进行分区分离，则系统维护与处理故障时，需要反复进行磁盘格式化，或重新安装系统，都将会对用户数据造成十分巨大的损失。因此，硬盘必须进行分区，以保证用户数据与系统软件的分离。这样，当系统崩溃时，可以快速恢复系统，并且用户数据可以得到安全的保护。

2）保管好驱动程序。驱动程序是保证计算机硬件正常有效工作的重要系统软件，必须保管好；否则，今后重新安装操作系统时，找不到驱动程序会给用户带来麻烦。驱动程序的保管一方面要将原盘保管好，另一方面可以将驱动程序备份到硬盘的某一分区上，以方便今后的硬件维护和安装。

3）备份分区。软件系统的安装是一项耗时、烦琐的工作，为节省以后的安装时间，可以考虑使用专用备份工具（如 GHOST）对系统分区及用户重要数据分区分别进行备份，以便于今后进行系统快速恢复。

4）制作系统启动盘，为以后软件系统故障维护做准备。

（2）软件系统定期维护。定期维护可以使软件系统的正常使用寿命延长，减少系统重装次数。可以按以下方法进行：

1）利用 Windows 维护工具定期进行硬盘整理。

2）定期备份“我的文档”“收藏夹”“邮件通讯录”等数据。

3）使用 Windows 自带注册表编辑器或正版可靠的系统维护与优化软件定期对操作系统进行维护与优化。例如，利用注册表管理器或 Windows 优化大师、超级兔子魔法设置等正版软件对注册表、文件分配表、垃圾文件等进行清理，对磁盘、文件系统进行优化。

4）定期对硬盘进行查、杀毒操作，并对正版杀毒软件定期升级。

5）对操作系统及驱动程序定期升级。

6）不要安装盗版或未经验证的软件。

第8单元

其他相关知识

在提供快递服务过程中，不仅要掌握有关快递业务、职业道德、服务标准、礼仪、地理、安全和计算机的知识，还应掌握其他相关知识。本单元重点介绍了百家姓、条码技术和快递业务英语等相关知识。

第一节　百家姓

培训目标 → 了解日常工作中常见的姓氏

最早时，姓与氏不同，姓产生在前，氏产生于后。姓的本意是女人生的子女，在人类还处于母系社会时，处于“只知其母而不知其父”的状态，子女的姓是随着母亲的姓而改的，也可以看出那时姓“姬”“姒”“妫”“姜”和“嬴”等字的部首，都有女字部这一特点。随时间发展到父系社会后，姓则随父亲。随着同一祖先的子孙繁衍增多，这个家族往往会分成若干支散居各处。各个分支的子孙除了保留姓以外，另外会为自己取一个称号作为标志，这就是氏。也就是说，姓是一个家族的所有后代的共同称号，而氏则是从姓中派生出来的分支。

《百家姓》是一本关于中文姓氏的书，成书于北宋初。原收集姓氏 411 个，后增补到 504 个，其中单姓 444 个，复姓 60 个。

单元 8

单姓：

赵（zhào）	钱（qián）	孙（sūn）	李（lǐ）	周（zhōu）	吴（wú）	郑（zhèng）	王（wáng）
冯（féng）	陈（chén）	褚（chǔ）	卫（wèi）	蒋（jiǎng）	沈（shěn）	韩（hán）	杨（yáng）
朱（zhū）	秦（qín）	尤（yóu）	许（xǔ）	何（hé）	吕（lǚ）	施（shī）	张（zhāng）
孔（kǒng）	曹（cáo）	严（yán）	华（huà）	金（jīn）	魏（wèi）	陶（táo）	姜（jiāng）
戚（qī）	谢（xiè）	邹（zōu）	喻（yù）	柏（bǎi）	水（shuǐ）	窦（dòu）	章（zhāng）
云（yún）	苏（sū）	潘（pān）	葛（gě）	奚（xī）	范（fàn）	彭（péng）	郎（láng）
鲁（lǔ）	韦（wéi）	昌（chāng）	马（mǎ）	苗（miáo）	凤（fèng）	花（huā）	方（fāng）
俞（yú）	任（rén）	袁（yuán）	柳（liǔ）	酆（fēng）	鲍（bào）	史（shǐ）	唐（táng）
费（fèi）	廉（lián）	岑（cén）	薛（xuē）	雷（léi）	贺（hè）	倪（ní）	汤（tāng）
滕（téng）	殷（yīn）	罗（luó）	毕（bì）	郝（hǎo）	邬（wū）	安（ān）	常（cháng）
乐（yuè）	于（yú）	时（shí）	傅（fù）	皮（pí）	卞（biàn）	齐（qí）	康（kāng）
伍（wǔ）	余（yú）	元（yuán）	卜（bǔ）	顾（gù）	孟（mèng）	平（píng）	黄（huáng）
和（hé）	穆（mù）	萧（xiāo）	尹（yǐn）	姚（yáo）	邵（shào）	湛（zhàn）	汪（wāng）
祁（qí）	毛（máo）	禹（yǔ）	狄（dí）	米（mǐ）	贝（bèi）	明（míng）	臧（zāng）
计（jì）	伏（fú）	成（chéng）	戴（dài）	谈（tán）	宋（sòng）	茅（máo）	庞（páng）
熊（xióng）	纪（jì）	舒（shū）	屈（qū）	项（xiàng）	祝（zhù）	董（dǒng）	梁（liáng）
杜（dù）	阮（ruǎn）	蓝（lán）	闵（mǐn）	席（xí）	季（jì）	麻（má）	强（qiáng）

续表

贾（jiǎ）	路（lù）	娄（lóu）	危（wēi）	江（jiāng）	童（tóng）	颜（yán）	郭（guō）
梅（méi）	盛（shèng）	林（lín）	刁（diāo）	钟（zhōng）	徐（xú）	邱（qiū）	骆（luò）
高（gāo）	夏（xià）	蔡（cài）	田（tián）	樊（fán）	胡（hú）	凌（líng）	霍（huò）
虞（yú）	万（wàn）	支（zhī）	柯（kē）	昝（zǎn）	管（guǎn）	卢（lú）	莫（mò）
经（jīng）	房（fáng）	裘（qiú）	缪（miào）	干（gān）	解（xiè）	应（yīng）	宗（zōng）
丁（dīng）	宣（xuān）	贲（bēn）	邓（dèng）	郁（yù）	单（shàn）	杭（háng）	洪（hóng）
包（bāo）	诸（zhū）	左（zuǒ）	石（shí）	崔（cuī）	吉（jí）	钮（niǔ）	龚（gōng）
程（chéng）	嵇（jī）	邢（xíng）	滑（huá）	裴（péi）	陆（lù）	荣（róng）	翁（wēng）
荀（xún）	羊（yáng）	於（yū）	惠（huì）	甄（zhēn）	曲（qū）	家（jiā）	封（fēng）
芮（ruì）	羿（yì）	储（chǔ）	靳（jìn）	汲（jí）	邴（bǐng）	糜（mí）	松（sōng）
井（jǐng）	段（duàn）	富（fù）	巫（wū）	乌（wū）	焦（jiāo）	巴（bā）	弓（gōng）
牧（mù）	隗（kuí）	山（shān）	谷（gǔ）	车（chē）	侯（hóu）	宓（mì）	蓬（péng）
全（quán）	郗（xī）	班（bān）	仰（yǎng）	秋（qiū）	仲（zhòng）	伊（yī）	宫（gōng）
宁（nìng）	仇（qiú）	栾（luán）	暴（bào）	甘（gān）	钭（tǒu）	厉（lì）	戎（róng）
祖（zǔ）	武（wǔ）	符（fú）	刘（liú）	景（jǐng）	詹（zhān）	束（shù）	龙（lóng）
叶（yè）	幸（xìng）	司（sī）	韶（sháo）	郜（gào）	黎（lí）	蓟（jì）	薄（bó）
印（yìn）	宿（sù）	白（bái）	怀（huái）	蒲（pú）	邰（tái）	从（cóng）	鄂（è）
索（suǒ）	咸（xián）	籍（jí）	赖（lài）	卓（zhuó）	蔺（lìn）	屠（tú）	蒙（méng）
池（chí）	乔（qiáo）	阴（yīn）	郁（yù）	胥（xū）	能（nài）	苍（cāng）	双（shuāng）
闻（wén）	莘（shēn）	党（dǎng）	翟（zhái）	谭（tán）	贡（gòng）	劳（láo）	逄（páng）
姬（jī）	申（shēn）	扶（fú）	堵（dǔ）	冉（rǎn）	宰（zǎi）	郦（lì）	雍（yōng）
郤（xì）	璩（qú）	桑（sāng）	桂（guì）	濮（pú）	牛（niú）	寿（shòu）	通（tōng）
边（biān）	扈（hù）	燕（yān）	冀（jì）	郏（jiá）	浦（pǔ）	尚（shàng）	农（nóng）
温（wēn）	别（bié）	庄（zhuāng）	晏（yàn）	柴（chái）	瞿（qú）	阎（yán）	充（chōng）
慕（mù）	连（lián）	茹（rú）	习（xí）	宦（huàn）	艾（ài）	鱼（yú）	容（róng）
向（xiàng）	古（gǔ）	易（yì）	慎（shèn）	戈（gē）	廖（liào）	庾（yǔ）	终（zhōng）
暨（jì）	居（jū）	衡（héng）	步（bù）	都（dū）	耿（gěng）	满（mǎn）	弘（hóng）
匡（kuāng）	国（guó）	文（wén）	寇（kòu）	广（guǎng）	禄（lù）	阙（quē）	东（dōng）
欧（ōu）	殳（shū）	沃（wò）	利（lì）	蔚（wèi）	越（yuè）	夔（kuí）	隆（lóng）
师（shī）	巩（gǒng）	厍（shè）	聂（niè）	晁（cháo）	勾（gōu）	敖（áo）	融（róng）
冷（lěng）	訾（zǐ）	辛（xīn）	阚（kàn）	那（nā）	简（jiǎn）	饶（ráo）	空（kōng）
曾（zēng）	母（mǔ）	沙（shā）	乜（niè）	养（yǎng）	鞠（jū）	须（xū）	丰（fēng）
巢（cháo）	关（guān）	蒯（kuǎi）	相（xiàng）	查（zhā）	后（hòu）	荆（jīng）	红（hóng）
游（yóu）	竺（zhú）	权（quán）	逯（lù）	盖（gě）	益（yì）	桓（huán）	公（gōng）

续表

仉（zhǎng）	督（dū）	晋（jìn）	楚（chǔ）	闫（yán）	法（fǎ）	汝（rǔ）	鄢（yān）
涂（tú）	钦（qīn）	归（guī）	海（hǎi）	岳（yuè）	帅（shuài）	缑（gōu）	亢（kàng）
况（kuàng）	后（hòu）	有（yǒu）	琴（qín）	商（shāng）	牟（móu）	佘（shé）	佴（nài）
伯（bó）	赏（shǎng）	墨（mò）	哈（hǎ）	谯（qiáo）	笪（dá）	年（nián）	爱（ài）
阳（yáng）	佟（tóng）	言（yán）	福（fú）				

复姓：

万（mò）俟（qí）	司（sī）马（mǎ）	上（shàng）官（guān）	欧（ōu）阳（yáng）
夏（xià）侯（hóu）	诸（zhū）葛（gě）	闻（wén）人（rén）	东（dōng）方（fāng）
赫（hè）连（lián）	皇（huáng）甫（fǔ）	尉（yù）迟（chí）	公（gōng）羊（yáng）
澹（tán）台（tái）	公（gōng）冶（yě）	宗（zōng）政（zhèng）	濮（pú）阳（yáng）
淳（chún）于（yú）	单（chán）于（yú）	太（tài）叔（shū）	申（shēn）屠（tú）
公（gōng）孙（sūn）	仲（zhòng）孙（sūn）	轩（xuān）辕（yuán）	令（líng）狐（hú）
钟（zhōng）离（lí）	宇（yǔ）文（wén）	长（zhǎng）孙（sūn）	慕（mù）容（róng）
鲜（xiān）于（yú）	闾（lǘ）丘（qiū）	司（sī）徒（tú）	司（sī）空（kōng）
亓（qí）官（guān）	司（sī）寇（kòu）	子（zǐ）车（jū）	颛（zhuān）孙（sūn）
端（duān）木（mù）	巫（wū）马（mǎ）	公（gōng）西（xī）	漆（qī）雕（diāo）
乐（yuè）正（zhèng）	壤（rǎng）驷（sì）	公（gōng）良（liáng）	拓（tuò）跋（bá）
夹（jiá）谷（gǔ）	宰（zǎi）父（fǔ）	穀（gǔ）梁（liáng）	段（duàn）干（gān）
百（bǎi）里（lǐ）	东（dōng）郭（guō）	南（nán）门（mén）	呼（hū）延（yán）
羊（yáng）舌（shé）	微（wēi）生（shēng）	梁（liáng）丘（qiū）	左（zuǒ）丘（qiū）
东（dōng）门（mén）	西（xī）门（mén）	南（nán）宫（gōng）	第（dì）五（wǔ）

第二节　条码知识

培训目标

- 掌握条码技术的特点
- 熟悉快递业普遍使用的条码技术

条码是由美国的 N. T. Woodland 在 1949 年首先提出的，随着计算机应用的不断普及，条码得到了广泛的应用。条码可以标出商品的生产国、制造厂家、商品名称、生产日期、图书分类号、邮件起止地点、类别、日期等信息，因而在商品流通、图书管理、邮电管理、银行系统等许多领域都得到了广泛的应用。

条码是由宽度不同、反射率不同的条和空，按照一定的编码规则（码制）编制成的，用以表达一组数字或字母符号信息的图形标志符。常见的条码是由反射率相差很大的黑条（简称条）和白条（简称空）组成的。在进行辨识的时候，是用条码阅读机扫描，得到一组反射光信号，此信号经光电转换后变为一组与线条、空白相对应的电子信号，经解码后还原为相应的数字，再传入计算机。目前，条码辨识技术已相当成熟，其读取的错误率约为百万分之一，首读率大于98%，是一种可靠性高、输入快速、准确性高、成本低、应用面广的资料自动收集技术。

一、条码的种类

从维度看，条码可分为一维条码（1D）和二维条码（2D）两大类。目前，在商品上的应用仍以一维条码为主，故一维条码又被称为商品条码。二维条码则是另一种渐受重视的条码，其功能较一维条码强，应用范围更加广泛。

一维条码仅在一个方向（一般是水平方向）表达信息，而在垂直方向不表达任何信息。一维条码的应用可以提高信息录入的速度，减少差错率。其不足之处有：数据容量较小，最大约30个字符；只能包含字母和数字，不能编码汉字；条码尺寸相对较大，空间利用率较低；条码遭到损坏后不能阅读。

现代技术的发展，迫切要求在有限的几何空间内用条码表示更多的信息，从而满足各种信息的需求。二维条码正是为了解决一维条码无法解决的问题而诞生的。

二维条码具有存储量大、保密性高、追踪性高、抗损性强、备援性大、成本便宜等特性，是各种证件及卡片等大容量、高可靠性信息实现存储、携带并自动识别的最理想的方法。

目前，国内快递服务使用的条码多为一维的39码、128码，也有部分企业开始使用二维的PDF417码。

1. 39码

39码是在1974年开发出来的条码系统，是一种条、空均表示信息的非连续码。它可表示数字0～9、字母A～Z和8个控制字符（－，空格，/，$，+，%，•，*）等44个字符，是一种可表示数字、字母等信息的条码，主要用于工业、图书以及票据的自动化管理上，如图8—1所示。

图8—1　39码结构

2. 128码

128码于1981年推出，是一种长度可变、连续性的字母、数字条码，它表示从ASCII 0到ASCII 127共128个字符，故称128码，如图8—2所示。与其他一维条码比较起来，128码是较为复杂的条码系统，而其所能支持的字符也相对地比其他一维条码来得多，又有不同的编码方式可供交互运用，因此其使用弹性也较大。128码的内容大致也分为起始码、资料码、终止码、检查码四部分，其中检查码是可有可无的。

Aux(124)-TR

图8—2　128码结构

3. PDF417码

PDF417码是一种多层、可变长度、具有高容量和较强错误纠正能力的连续型二维条码，如图8—3所示。其错误复原能力非常强，错误复原率最高可达50%，目前主要应用于运输包裹与商品资料标签。

图8—3　PDF417码结构

二、条码的特点

在信息输入技术中，采用的自动识别技术种类很多。条码作为一种图形识别技术与其他识别技术相比有如下特点：

1. 简单

条码符号制作容易，扫描操作简单易行。

2. 信息采集速度快

普通计算机的键盘录入速度是200字符/分钟，而利用条码扫描录入信息的速度是键盘录入的20倍。

3. 采集信息量大

利用条码扫描，一次可以采集几十位字符的信息，而且可以通过选择不同码制的条码增加字符密度，使录入的信息量成倍增加。

4. 可靠性高

键盘录入数据，误码率为三百分之一，利用光学字符识别技术，误码率约为万分之一。而采用条码扫描录入方式，误码率仅有百万分之一，首读率可达98%以上。

5. 灵活、实用

条码符号作为一种识别手段可以单独使用，也可以和有关设备组成识别系统实现自动化识别，还可和其他控制设备联系起来实现整个系统的自动化管理。同时，在没有自动识别设备时，也可实现手工键盘输入。

6. 自由度大

识别装置与条码标签相对位置的自由度要比OCR大得多。条码通常只在一维方向上表示信息，而同一条码符号上所表示的信息是连续的，这样即使是标签上的条码符号在条的方向上有部分残缺，仍可以从正常部分识读正确的信息。

7. 设备结构简单、成本低

条码符号识别设备的结构简单，操作容易，无须专门训练。与其他自动化识别技术相比较，推广应用条码技术，所需费用较低。

三、条码阅读设备及分类

条码阅读设备可分为两大类。

1. 在线式阅读器

在线式阅读器按其功能和用途，又可分为多功能阅读和各类在线式专用阅读器。这类阅读器一般直接由交流电源供电，在阅读器与计算机或通信装置之间由电缆连接、传递数据。多功能阅读器除具有识别多种常用码制的功能外，根据不同需要还可增加可编程功能、可显示功能以及多机联网通信功能等。

2. 便携式阅读器

便携式阅读器配有数据存储器，通常由电池供电，适用于脱机使用的场合。当数据搜集后，先把数据存储起来，然后转储到主机。主要有光笔、CCD阅读器和激光扫描仪三种。

（1）光笔。光笔是最先出现的一种手持接触式条码阅读器，也是最为经济的一种条码阅读器。光笔与条码接触阅读后，能够明确哪一个是被阅读的条码；阅读条码的长度可以不受限制；与其他的阅读器相比成本较低；内部没有移动部件，比较坚固；体积小，重量轻。但是，使用光笔会受到一些限制，如有一些场合不适合接触阅读条码；只有在比较平坦的表面上阅读指定密度的、打印质量较好的条码时，光笔才能发挥它的作用；操作人员需要经过一定的训练；较适用小商店及个人使用。

（2）CCD阅读器。CCD阅读器为电子耦合器件，比较适合近距离和接触阅读，它的价格没有激光扫描仪贵，而且内部没有移动部件。与其他阅读器相比，CCD阅读器的价格较便宜，容易使用；它的重量比激光扫描仪轻，而且不像光笔一样只能接触阅读。但是，在需要阅读印在弧形表面的条码或远距离阅读时会有困难；防摔性能较差，因此产生的故障率较高；在采取多个LED的条码阅读器中，任一个LED故障都会导致不能阅读；大部分 CCD 阅读器的首读成功率较低且误码率高。

（3）激光扫描仪。激光扫描仪是各种扫描阅读器中价格相对较高的，但它所能提供的各项功能指标最高，因此在各个行业中都被广泛采用。手持式激光扫描仪通过一个激光二极管发出一束光线，照射到一个旋转的棱镜或来回摆动的镜子上，反射后的光线穿过阅读窗照射到条形码表面，光线经过条或空的反射后返回阅读器，由一个镜子进行采集、聚焦，通过光电转换器转换成电信号，该信号将通过扫描器或终端上的译码软件进行译码。

激光扫描仪分为手持与固定两种形式：手持式激光扫描仪连接方便简单、使用灵活；固定式激光扫描仪适用于阅读量较大、条码较小的场合，能有效解放双手。

第三节　快递业务英语

培训目标

→能进行简单英文交流和日常英文快递文件的处理

一、日常对话用语

Dialogue 1

Courier：Hello，can I help you?

快递员：您好，您需要快递服务吗？

Customer：Yes.

客户：是的。

Courier：Please select your location.

快递员：请告诉我取件地址。

Customer：I have a package about 10 kg to send to No. 56 at Street 1 in Wuhan from No. 300 at Street 2 in Chongqing.

客户：我有一个大约 10 千克的快件需要从重庆 2 号大街 300 号递送至武汉 1 号大街 56 号。

Courier：OK，we will arrange courier to pick up the package at about 3o' clock pm.

快递员：好的，我们会安排快递员在下午 3 点左右去取件。

Dialogue 2

Courier：Hello! What can I do for you?

快递员：您好！您需要快递服务吗？

Customer：I wonder how to make an order to deliver package?

客户：应该如何下订单递送快件呢？

Courier: You are welcome to contact at 6666888 or the web site: www. delivery. com during 24 hours day and night.

快递员：欢迎您致电24小时服务热线6666888或登录www. delivery. com。

Dialogue 3

Courier: Hello! Mr Wang, is this your express package?

快递员：您好！王先生，这是您要递送的快件吗？

Mr Wang: Oh, yes.

王先生：是的。

Courier: Where would you like to send?

快递员：您要递送到哪里？

Mr Wang: Shanghai.

王先生：上海。

Courier: Can you fill in this form?

快递员：请您填写这张表格，好吗？

Mr Wang: OK.

王先生：好的。

Courier: Let me check up what you filled.

快递员：我要核对一下您填的内容。

Mr Wang: How long can you delivery my package to Shanghai?

王先生：多久可以递送到上海？

Courier: Tomorrow.

快递员：明天就到。

Mr Wang: Thank you.

王先生：谢谢。

Courier: Bye!

快递员：再见。

Dialogue 4

Miss Li: Excuse me! I need to deliver my luggage, but I don't know how much it is. Can you explain to me?

李小姐：打扰了！我需要递送行李，但我不知道需要花多少钱，您可以说明一下吗？

Courier: It's my pleasure. Where do you want to deliver?

快递员：当然可以。您要递送到哪里？

Miss Li: From Shanghai to Beijing.

李小姐：从上海递送到北京。

Courier: RMB 2 per kilogram. How much baggage do you have?

快递员：每千克2元人民币，您有多少行李？

Miss Li: About 40 kg.

李小姐：大概40千克。

Courier：You need to pay about RMB 80.

快递员：您需要支付大约 80 元人民币的快递费。

二、快递常用英语

COURIER SERVICES 24 hrs A Day/365 Days A Year

快递服务 一天 24 小时/一年 365 天（或：年中无休）

On－Demand Courier Services

提供的快递服务

Express　1 hour delivery time

快递　1 小时送达时间

Rush　1.5 hour delivery time

加急　1.5 小时送达时间

Regular　2.5 hour delivery time

普通　2.5 小时送达时间

Standard　3.5 hour delivery time

标准　3.5 小时送达时间

Same Day　5.5 hour delivery time

同一天派送　5.5 小时送达时间

Medical Specimen Delivery

医疗标本递送

Office Product Delivery

办公物品递送

Expedited Freight Services

敏捷运输服务

Local：Pick up and delivery within 2～4 hours of notification.

当地：收取和交付在 2～4 小时内通知。

Long Distance：Pick up within 2～4 hours of notification with direct delivery to final destination.

长距离：在 2～4 小时内通知取件并直接送达至最终目的地。

LTL Service（LTL：less than truckload）

零担货运服务

We provide LTL freight distribution for next day delivery.

我们提供零担货运配送次日到达的服务。

Lift Gate Service

空运方式服务

Warehouse Services

仓储服务

Distribution

配送

Allow us to consolidate and distribute your courier and freight needs.

允许由我方对您的快递业务和货运需求进行合并与分拆。

Critical Parts Storage

关键区域的仓储

Warehousing

仓储

Facilities Management

设备管理

Logistics—Distribution

物流配送

三、快递业务英语

1. 航空快递过程（air express process）

The air express industry is expanding rapidly and will continue by forecasting.

航空快递业正在迅速壮大并将持续发展。

Market projections by Boeing, Airbus and the International Air Transport Association (IATA) predict that the average growth rate of the global air cargo market will be 5%～6% from 1999 to 2018, and particularly, the air express market share will increase to 37% by 2015.

根据波音、空中客车和国际航空运输协会（IATA）的市场预测，全球航空货物运输市场从 1999 到 2018 年的平均增长率将为 5%～6%，特别是航空快运市场份额到 2015 年将增长到 37%。

The export express package system process starts with package pickup by an on-road courier.

出口快件系统过程从快递业务员收件开始。

At the end of each day, all export packages are taken to a local station and shuttled to the airport, where they are sorted, packed into containers and loaded onto the aircraft.

每天收件结束时，所有出口件被运至当地站，并通过短程往返运输线运至机场。在机场里，快件被分拣，装进集装箱并装上飞机。

They go to a central hub.

具体来说，快件被运到枢纽中心。

The packages are resorted and import containers are packed, which are loaded into the aircraft to be taken to the destination airports.

快件被分拣，并打包进入集装箱内，装上驶往目的地机场的飞机。

After the import aircrafts arrive at airports near their respective destinations in the early morning, the containers are unloaded for sorting and packages are sent to local stations.

运送进口货物的飞机在早晨到达目的地附近的机场后，集装箱将被卸下来进行分拣，快件被送至当地站点。

The handling cost for each process is related to flight scheduling; in general, the greater the operating time, the lower the handling cost.

每个过程的装卸搬运成本是和飞机的日程安排紧密相关的，一般来讲，操作时间越多，装卸搬运成本越低。

At Express Delivery we offer everything from basic warehousing and simple pallet distribution to fully integrated delivery supply chains.

快递服务中提供全程服务，包括从基本仓储、简单托板分送到全面整合递送的整个供应链。

We have the ability to provide customized distribution services.

我们有能力提供客户定制的配送服务。

Logistics and warehouse services are set up to reduce the support staff, overhead costs, as well as the costs of transportation.

物流组织和仓储服务是为减少作业人员工作量和运输成本而建立的。

We specialize in customizing solutions for needs of specific industries, such as office supplies, medical, strategic part stocking, and many others.

我们专长于为特定行业的要求定制解决方案，例如办公设备供应，医药用品、战略部件存储和很多其他需求。

Our staff is very knowledgeable in Strategic Part Stocking for computer and technology based companies.

我们的员工非常熟悉利用公司的计算机和信息技术对战略部件进行储存的方法。

We will warehouse, fulfill orders and deliver parts and supply to your clients and retailers.

我们会进行仓储、下单和递送部件，从而满足客户和零售商的需求。

2. 快递货代产品介绍（Product Description of express delivery agent）

范例 1：

Being a member of World Cargo Alliance (WCA) and China Global Logistics Network (CGLN), our company is a solid and dynamic organization working in the express delivery and air freight with the excellent team work culture and high level of commitment to all our customers.

作为全球货物联盟（WCA）和中国全球物流网络（CGLN）的成员之一，我公司是一家值得信赖和具有生命力的企业，致力于快递和空运业务，崇尚紧密团结的优良团队工作文化，对我们所有的客户高度负责。

As a result, we are able to provide you with streamlined and clever solutions, making sure your goods are at the expected place at the right time and in reduced costs.

因此，我们能够提供给您合理和巧妙的解决方案，保证您的货品在正确的时间以较少的成本到达期望的地点。

Also, we provide updated and continuous information for our customers through the logistics process, contributing for the development, competitiveness and recognition of your company in the international market.

同时，我们通过物流过程为我们的客户提供不断更新和持续的信息，为贵公司在国际市场上的发展壮大，提升竞争力以及得到认可，不断地作出我们的贡献。

Services:

—Express delivery: Mainly agent for DHL, UPS, EMS, TNT, FEDEX, we can choose the most efficient, cheapest and safest way according to your requirements, goods weight, goods type and import country. Besides, we can handle all formalities of custom clearances with assurances of conveniences and safety.

服务：

——快递：主要代理DHL，UPS，EMS，TNT，FEDEX等众多世界知名快递公司。我们会根据您的要求、货物重量、货物类型和进口国家来选择最有效、最便宜和最安全的线路。此外，我们能够确保方便和安全地处理所有海关清关手续。

—Air service: We cooperate with more than 30 airlines, each with its own advantage in price and service for your different requirements and choices.

——空运服务：我们与30多家航空公司进行合作，根据每一家航空公司在价格和服务上的优势，为您不同的需求进行选择。

Don't hesitate to contact me when you are looking for your own logistics agency. Honesty, mutual benefit, efficiency, better and better service is what we are pursuing all the time!

诚实、共赢、高效、越来越好的服务是我们永远的追求。如果您正在寻找物流代理，请尽快与我方联系。

Looking forward to your messages!

期待您与我们通信联系。

范例2：

We are one of the only courier companies that has the ability to work 24/7/365, we utilize state of the art courier dispatch software, which allows our customers to track order & check up pending deliveries.

我们是具有一年365天、每周7天、一天24小时连续工作能力的仅有的几家快递公司之一。我们使用先进的快递派送软件。这个软件可以让我们的客户追踪、下订单和查核在途快件。

It will also allow you to view your bill as the month goes on.

同时，快递派送软件能让您浏览数月前至今天的账单。

If requested, proof of deliveries can instantly be faxed, emailed or telephoned to you.

如您要求，递送凭证可立即通过传真、电子邮件或电话告知您。

It can also be possible for all steps of the delivery process, from order, pick up to delivery!

同时，从下单、取件到递送，投递过程的所有步骤都可通过软件进行查看！

We offer fast and better service to you and your clients in most states on the West Coast, US.

我们在美国西海岸地区大部分州为您及您的客户提供快递和更好的服务。

Service

服务

Same Day Courier

同一天快递

Express Delivery is currently offering same day service to anywhere in California.

当前，快递公司正在加利福尼亚提供同一天快递到任何区域的服务。

We provide same day courier service for pick up and delivery of your time sensitive packages!

我们为时间要求性高的包裹提供在同一天取派的快递服务。

With our new state of the art dispatch technology our customers can enter orders online and check our enroute status, delivery status and signature delivery confirmation, with our new electronic signature capture!

通过我们先进的派送软件和技术，我们的客户可以在线下单，并检查对开的线路状态。同时，使用我们提供的新型电子签字记录设备来签收递送确认凭证。

Our drivers will get your shipments to their destination safely and on time.

我们的司机会将货物安全准时地运达目的地。

Express Delivery staffs are trained and professional and ready to exceed your expectations.

快递业务员工都经过培训，专业性强，随时准备为您提供超值服务。

We also offer routed, next day, and onboard courier services.

我们也提供指定递送路线，第二天送达和专人递送快递（专差急送、专差快递）等服务。

Routed Courier

指定递送路线的快递服务。

Express Delivery Routed Couriers can handle your daily or weekly shipments or scheduled pick—ups.

指定递送路线的快递服务能够处理您每天或每周的货运或排定的快件。

Benefits of this service include pre—arranged schedules, at a cost savings you will appreciate, as well as single or multiple shipments.

这种服务的好处包括提前安排计划，成本较低，同时实现单次或多次运送。

Overnight Courier

连夜快递

Express Delivery Overnight Courier services are designed to meet your most time critical requirements without any loss.

快递公司的夜快递服务被设计出来满足无损前提下对时间具有极为苛刻要求的用户。

Tailored to meet your specific needs, our time definite services range from same day to deferred service, from one pound to thousands of pounds with least cost routing.

为满足客户特定的要求，我们的时间限定服务范围从当天送达到推迟服务，在最低成本路线基础上运量从一磅到数千磅。

Onboard Courier

专人递送快递（专差快递）

Our dedicated onboard courier will travel with your package and deliver the item to its final destination as quickest as possible.

我们致力于专人递送的快递业务员会带着您的快件在最短的时间内递送到最终目的地。

Our onboard couriers are trained in cargo security and they all carry company mobile phones to ensure they contact you all the time and keep you informed every step of the way!

专人递送快递业务员在货物安全方面进行过培训，他们随身带有移动电话以确保他们始终和您保持联系，随时告知您递送途中每一步的情况。

With Express Delivery our onboard courier service we can arrange collection, transportation, travel arrangements and packaging.

通过专人递送快递服务，我们能够同时安排取件，运送，线路安排和打包。

Subject to the weight and size of your package, we can guarantee it will not leave our onboard courier' s side ensuring maximum security and a damage free delivery.

依据快件的重量和尺寸，我们保证快件不会离开专人递送的快递业务员的身边，并确保最大的安全性和无损失递送。

第9单元

相关法律、法规知识

本单元主要介绍了与快递业务相关联的法律法规知识，包括《中华人民共和国邮政法》《快递业务经营许可管理办法》《快递市场管理方法》《中华人民共和国民法通则》等基本内容，也简要地介绍了《万国邮政联盟公约》和万国邮政联盟的基本情况。

第一节 《中华人民共和国邮政法》的相关规定

培训目标

→ 掌握《中华人民共和国邮政法》中的相关规定

全国人民代表大会常务委员会于 2009 年 4 月 24 日对《中华人民共和国邮政法》（简称《邮政法》）进行了修订，于 2009 年 10 月 1 日起正式实施。

快递作为一种新兴的服务行业，近几年来在我国保持着旺盛的发展势头，形成了国有、民营、外资企业共存发展、相互促进的格局。最新修订的《邮政法》针对快递行业增加了专章，对规范快递服务做了许多规定，为快递服务发展创造了良好的法制环境，同时从保护消费者权益、促进行业健康发展的角度，设定了一定的许可条件和经营规范。

《邮政法》从法人资格、服务能力、内部规章制度、业务操作规范、安全保障能力等方面，规定了申请快递业务经营许可应当具备的基本条件，原则性、概括性较强。

《邮政法》规定，对经营快递业务实行许可制度。经营快递业务的企业，首先应该认真学习《邮政法》，深入领会《邮政法》的立法宗旨，了解法律赋予快递企业的权利、责任和义务。其次要自觉守法、用法，并以此为契机，不断改善服务，提高经营管理水平。要严格按照《邮政法》及相关法律法规的规定，做好快递业务经营许可的申请工作，确保合法经营。

第二节 《快递业务经营许可管理办法》的相关规定

培训目标

→ 掌握《快递业务经营许可管理办法》中的相关规定

2009 年 8 月 27 日，《快递业务经营许可管理办法》（简称《办法》）审议并原则通过。从 2009 年 10 月 1 日起，经营快递业务必须申请邮政管理部门的许可，并接受邮政管理部门及其他有关部门的监督管理；此前已经从事快递业务的企业，应在一年内补齐申请经营许可。

近年来，我国快递市场迅速发展，初具规模，竞争格局基本形成，但也存在服务质量不高、缺乏准入门槛、安全隐患较多等突出问题。交通运输部有关负责人表示，信件以及包裹、印刷品等物品的快递业务，直接关系到用户通信秘密以及其他合法权益的保护，涉及国家安全和社会稳定。因此，对快递业务实行经营许可制度，是修订后的《邮政法》明确规定的一项重要制度。

作为《邮政法》的重要配套法规，《办法》细化了许可条件、审批程序和许可证管理制度，是贯彻实施《邮政法》的重要保障，对规范快递业务经营许可行为、保护申请人的利益有着积极意义。

《办法》明确了《邮政法》关于“严格的服务质量管理制度和完备的业务操作规范”“健全的安全保障制度和措施”等规定的具体内容，从经营网络、运递能力、处理场所、设备设施、信息网络、人员资格等方面对不同经营范围的企业应具备的服务能力作了明确规定。

《办法》规定：在省（区、市）范围内经营的，向所在省（区、市）邮政管理机构提出申请；跨省（区、市）经营或经营国际快递业务的，向国务院邮政管理部门提出申请。邮政管理部门自受理申请之日起 45 天内作出批准或不予批准的决定。许可证有效期为 5 年，实行年度报告制度，有效期届满 30 天内申请换领。

《办法》具体内容详见附录 3。

第三节 《快递市场管理办法》的相关规定

培训目标 →掌握《快递市场管理办法》中的相关规定

2008 年 7 月 28 日，《快递市场管理办法》颁布施行，具体内容详见附录 4。

《快递市场管理办法》规定：“快递市场管理遵循公开、公平、公正的原则，促进快递市场统一开放、有序竞争，满足经济社会发展需要。”该管理办法主要规定了三部分内容。

一、快递服务

快递服务部分主要涉及了两类服务行为规范：

1. 服务规范

规定了快递企业提供的快递服务应当遵守其公开的服务承诺；应当在规定时间内向省级邮政管理部门备案；应当建立与用户沟通的渠道和制度，向用户提供业务咨询、查询等服务；应当按照国家有关规定建立突发事件应急机制。

2. 行为规范

规定了快递企业和快递从业人员不得实施的行为。

二、快递安全

快递安全部分主要规定：快递企业应当建立并严格执行收寄验视制度；快递企业接

受网络购物、电视购物和邮购等经营者委托提供快递服务的，应当与委托方签订安全保障协议，并报省级邮政管理部门备案。

三、监督管理

监督管理部分主要规定：当发生影响快递服务安全和快递网络正常运行的突发事件时，邮政管理部门立即启动应急预案；国家实行快递统计报告制度，快递企业应当按规定向邮政管理部门上报统计报表和报告；国家实行快递企业等级评定制度，建立以公众满意度、时限准时率和用户申诉率为核心的快递服务质量评价体系。

第四节　行业标准《快递服务》的相关规定

培训目标

→掌握行业标准《快递服务》中的相关规定

为了提高快递服务质量和服务水平、规范快递服务市场、保障消费者的合法权益和增强快递企业竞争力。2007 年 9 月 12 日，国家邮政局颁布了我国第一部行业标准《快递服务》。该标准从 2008 年 1 月 1 日起正式施行，具体内容详见附录 5。该标准规定了快递服务组织、服务环节，服务改进的基本要求，主要包括服务组织的人员，服务时限单位重量、查询期限和赔偿标准等内容。

一、快递服务类别

标准将快递服务分为同城快递服务、国内异地快递服务、港澳快递服务、台湾快递服务、国际快递服务五种类别。

二、服务环节

标准将快递服务环节分为收寄、投递、签收三个大的环节。

三、市场准入

标准对快递企业的法人资质、人员资质、最低人数和安全作业等方面作出规定。

四、服务时限

标准规定了除了与顾客有特殊约定（如偏远地区）外，服务时限应满足同城快递服务时限不超过 24 小时；国内异地快递服务时限不超过 72 小时。

五、服务场所

标准对快递企业的作业场所和营业场所做出了相关规定。

六、设备与设施

标准规定了快递服务组织应具有与开办业务范围相适应的设备（如：计算机设备、通讯设备、封装器械、办公设备等），并应定期维护更新。

七、服务格式合同

标准规定快递运单为服务格式合同。格式条款应符合法律规定，体现公平、公正的原则，文字表述应真实、简洁、易懂。

八、档案

标准对档案的范围、档案的管理和档案的保存期限做了规定。如快递运单的实物保存期限应不少于 6 个月，电子保存期限宜不少于 1 年。

九、人员着装

标准规定负责收寄的快递服务人员应统一穿着具有组织标识的服装，并佩戴工号牌或胸卡。

十、重量与规格

标准规定快件的单件重量不宜超过 50 千克；快件的单件包装规格任何一边的长度不宜超过 150 厘米，长、宽、高三边长度之和不宜超过 300 厘米。

十一、无法投递

标准规定了当出现快件无法投递情况时要采取的措施。同时，规定了彻底延误时限的范围：同城快件为 3 个日历天；国内异地快件为 7 个日历天；港澳快件为 7 个日历天；台湾快件为 10 个日历天；国际快件为 10 个日历天。

十二、例外处理

标准对例外处理中的撤回条件和撤回费用做了规定。

此外，标准还在规范性附录 A 中对赔偿条件和内容做了详细的规定。

第五节 《万国邮政联盟公约》的相关规定

培训目标

→掌握《万国邮政联盟公约》中的相关规定

万国邮政联盟（UPU）简称“万国邮联”或“邮联”，是商定国际邮政事务的政府间国际组织，其前身是1874年10月9日成立的“邮政总联盟”，1878年改为现名。万国邮联自1978年7月1日起成为联合国一个关于国际邮政事务的专门机构，总部设在瑞士首都伯尔尼，其宗旨是组织和改善国际邮政业务，发展邮政方面的国际合作，以及在力所能及的范围内给予会员国所要求的邮政技术援助。中国于1914年3月1日加入万国邮政联盟。

《万国邮政联盟公约》是指万国邮政联盟制定的一项有关处理国际邮政业务的基本法则的条约。1964年7月，邮政总联盟第15次代表大会将《万国邮政联盟公约》分为四项独立法则，即《万国邮政联盟组织法》《万国邮政联盟总规则》《万国邮政公约》《万国邮政公约实施细则》。《万国邮政联盟组织法》是万国邮联的组织条例和万国邮联法规的基本规定；《万国邮政联盟总规则》是实施组织法和正常进行联盟工作的各项具体规定；《万国邮政公约》包括适用于国际邮政业务的共同规则和有关函件业务的规定等。以上法规对各会员国均有约束力。但是，会员国有权对《万国邮政公约》某项规定提出保留，保留项目列入《万国邮政公约最后议定书》。

《万国邮政联盟公约》包括以下四部分：

第一，适用于国际邮政业务的共同规则。

第二，函件业务的规定。规定主要包括：函件的种类、交付邮资和重量及尺寸的限制、国际回信券、函件的撤回和应寄件人的要求更改姓名和地址、禁寄物品、海关监管、查询和补偿、邮资的归属、转运费和终端费的结算等。

第三，函件的航空运输规则。规则主要包括：使用航空运输函件的加快航空附加费和不收航空附加费、航空函件的优先处理、航空函件的改寄和退回、航空运费的原则、航空运费的计算和结算等规定。

第四，规定了公约的生效日期和有效期限。

第六节 其他法律、法规相关规定

培训目标

→掌握其他法律、法规中的相关规定

一、《中华人民共和国国家安全法》的相关知识

《中华人民共和国国家安全法》(以下简称《安全法》)于1993年2月22日经第七届全国人民代表大会常务委员会第三十次会议通过，并自公布之日起施行。

国家安全是维持主权同家存在和保障其根本利益的各种要素的总和，既包括传统的政治安全和军事安全，也包括非传统的、非军事领域的经济安全、社会安全、科技安全和资源环境安全等。任何企业和个人都有维护国家的安全、荣誉和利益的义务，不得做出有危害国家安全、荣誉和利益的行为。

《安全法》第四条规定："危害国家安全的行为是指境外机构、组织、个人实施或者指使、资助他人实施的，或者境内组织、个人与境外机构、组织、个人相互勾结实施的危害中华人民共和国国家安全的行为：（一）阴谋颠覆政府，分裂国家，推翻社会主义制度的；（二）参加间谍组织或者接受间谍组织及其代理人的任务的；（三）窃取、刺探、收买、非法提供国家秘密的；（四）策动、勾引、收买国家工作人员叛变的；（五）进行危害国家安全的其他破坏活动的。"

《安全法》第二十三条规定："境外机构、组织、个人实施或者指使、资助他人实施，或者境内组织、个人与境外机构、组织、个人相勾结实施危害中华人民共和国国家安全的行为，构成犯罪的，依法追究刑事责任。"

《安全法》第二十六条规定："明知他人有间谍犯罪行为，在国家安全机关向其调查有关情况、收集有关证据时，拒绝提供的，由其所在单位或者上级主管部门予以行政处分，或者由国家安全机关处 15 日以下拘留；情节严重的，比照刑法第一百六十二条的规定处罚。"

《安全法》第二十八条规定："故意或者过失泄露有关国家安全工作的国家秘密的，由国家安全机关处 15 日以下拘留；构成犯罪的，依法追究刑事责任。"

《安全法》第二十九条规定："对非法持有属于国家秘密的文件、资料和其他物品的，以及非法持有、使用专用间谍器材的，国家安全机关可以依法对其人身、物品、住处和其他有关的地方进行搜查；对其非法持有的属于国家秘密的文件、资料和其他物品，以及非法持有、使用的专用间谍器材予以没收。非法持有属于国家秘密的文件、资料和其他物品，构成泄露国家秘密罪的，依法追究刑事责任。"

二、《中华人民共和国民法通则》的相关规定

《中华人民共和国民法通则》（以下简称《民法通则》）由中华人民共和国第六届全国人民代表大会第四次会议于 1986 年 4 月 12 日通过，自 1987 年 1 月 1 日起施行。

《民法通则》是为了保障公民、法人的合法的民事权益，正确调整民事关系，适应社会主义现代化建设事业发展的需要制定的，主要调整的是平等主体的公民之间、法人之间、公民和法人之间的财产关系和人身关系。

《民法通则》第七十二条规定："财产所有权的取得，不得违反法律规定。按照合同或者其他合法方式取得财产的，财产所有权从财产交付时起转移，法律另有规定或者当事人另有约定的除外。"

《民法通则》第七十五条规定："公民的个人财产，包括公民的合法收入、房屋、储蓄、生活用品、文物、图书资料、林木、牲畜和法律允许公民所有的生产资料以及其他合法财产。公民的合法财产受法律保护，禁止任何组织或者个人侵占、哄抢、破坏或者非法查封、扣押、冻结、没收。"

《民法通则》第七十九条规定："所有人不明的埋藏物、隐藏物，归国家所有。接收单位应当对上缴的单位或者个人，给予表扬或者物质奖励。拾得遗失物、漂流物或者失散的饲养动物，应当归还失主，因此而支出的费用由失主偿还。"

《民法通则》第八十八条规定："合同的当事人应当按照合同的约定，全部履行自己的义务。合同中有关质量、期限、地点或者价款约定不明确，按照合同有关条款内容不能确定，当事人又不能通过协商达成协议的，适用下列规定：（一）质量要求不明确的，按照国家质量标准履行，没有国家质量标准的，按照通常标准履行。（二）履行期限不明确的，债务人可以随时向债权人履行义务，债权人也可以随时要求债务人履行义务，但应当给对方必要的准备时间。（三）履行地点不明确，给付货币的，在接受给付一方的所在地履行，其他标的在履行义务一方的所在地履行。（四）价款约定不明确的，按照国家规定的价格履行；没有国家规定价格的，参照市场价格或者同类物品的价格或者同类劳务的报酬标准履行。"

《民法通则》第九十二条规定："没有合法根据，取得不当利益，造成他人损失的，应当将取得的不当利益返还受损失的人。"

《民法通则》第九十三条规定："没有法定的或者约定的义务，为避免他人利益受损失进行管理或者服务的，有权要求受益人偿付由此而支付的必要费用。"

《民法通则》第一百零六条规定："公民、法人违反合同或者不履行其他义务的，应当承担民事责任。公民、法人由于过错侵害国家的、集体的财产，侵害他人财产、人身的，应当承担民事责任。没有过错，但法律规定应当承担民事责任的，应当承担民事责任。"

《民法通则》第一百零七条规定："因不可抗力不能履行合同或者造成他人损害的，不承担民事责任，法律另有规定的除外。"

三、《中华人民共和国刑法》的相关知识

中华人民共和国第八届全国人民代表大会第五次会议于 1997 年 3 月 14 日修订了《中华人民共和国刑法》（以下简称《刑法》）。修订后的刑法自 1997 年 10 月 1 日起施行。

《刑法》是用刑罚同一切犯罪行为作斗争，以保卫国家安全，保卫人民民主专政的政权和社会主义制度，保护国有财产和劳动群众集体所有的财产，保护公民私人所有的财产，保护公民的人身权利、民主权利和其他权利，维护社会秩序、经济秩序，保障社会主义建设事业的顺利进行。

《刑法》第一百二十五条规定："非法制造、买卖、运输、邮寄、储存枪支、弹药、爆炸物的，处三年以上十年以下有期徒刑；情节严重的，处十年以上有期徒刑、无期徒刑或者死刑。"

《刑法》第一百三十三条规定："违反交通运输管理法规，因而发生重大事故，致人重伤、死亡或者使公私财产遭受重大损失的，处三年以下有期徒刑或者拘役；交通运输肇事后逃逸或者有其他特别恶劣情节的，处三年以上七年以下有期徒刑；因逃逸致人死亡的，处七年以上有期徒刑。"

《刑法》第一百五十六条规定："与走私罪犯通谋，为其提供贷款、资金、账号、发票、证明，或者为其提供运输、保管、邮寄或者其他方便的，以走私罪的共犯论处。"

《刑法》第二百五十三条规定："邮政工作人员私自开拆或者隐匿、毁弃邮件、电报

的，处二年以下有期徒刑或者拘役。犯前款罪而窃取财物的，依照本法第二百六十四条的规定定罪从重处罚。”

《刑法》第二百六十四条规定：“盗窃公私财物，数额较大或者多次盗窃的，处三年以下有期徒刑、拘役或者管制，并处或者单处罚金；数额巨大或者有其他严重情节的，处三年以上十年以下有期徒刑，并处罚金；数额特别巨大或者有其他特别严重情节的，处十年以上有期徒刑或者无期徒刑，并处罚金或者没收财产；有下列情形之一的，处无期徒刑或者死刑，并处没收财产：（一）盗窃金融机构，数额特别巨大的；（二）盗窃珍贵文物，情节严重的。”

《刑法》第三百零四条规定：“邮政工作人员严重不负责任，故意延误投递邮件，致使公共财产、国家和人民利益遭受重大损失的，处二年以下有期徒刑或者拘役。”

四、《中华人民共和国消费者权益保护法》的相关规定

《中华人民共和国消费者权益保护法》（以下简称《消费者权益保护法》）于 1993 年颁布，并于 1994 年 1 月 1 日起施行。

《消费者权益保护法》是为保护消费者的合法权益，维护社会经济秩序，促进社会主义市场经济健康发展。消费者为生活消费需要购买、使用商品或者接受服务，其权益受本法保护；本法未作规定的，受其他有关法律、法规保护。经营者为消费者提供其生产、销售的商品或者提供服务，应当遵守本法；本法未作规定的，应当遵守其他有关法律、法规。

《消费者权益保护法》第七条规定：“消费者在购买、使用商品和接受服务时享有人身、财产安全不受损害的权利。消费者有权要求经营者提供的商品和服务，符合保障人身、财产安全的要求。”

《消费者权益保护法》第八条规定：“消费者享有知悉其购买、使用的商品或者接受的服务的真实情况的权利。消费者有权根据商品或者服务的不同情况，要求经营者提供商品的价格、产地、生产者、用途、性能、规格、等级、主要成分、生产日期、有效期限、检验合格证明、使用方法说明书、售后服务，或者服务的内容、规格、费用等有关情况。”

《消费者权益保护法》第九条规定：“消费者享有自主选择商品或者服务的权利。消费者有权自主选择提供商品或者服务的经营者，自主选择商品品种或者服务方式，自主决定购买或者不购买任何一种商品、接受或者不接受任何一项服务。消费者在自主选择商品或者服务时，有权进行比较、鉴别和挑选。”

《消费者权益保护法》第十条规定：“消费者享有公平交易的权利。消费者在购买商品或者接受服务时，有权获得质量保障、价格合理、计量正确等公平交易条件，有权拒绝经营者的强制交易行为。”

《消费者权益保护法》第十一条规定：“消费者因购买、使用商品或者接受服务受到人身、财产损害的，享有依法获得赔偿的权利。”

《消费者权益保护法》第十四条规定：“消费者在购买、使用商品和接受服务时，享有其人格尊严、民族风俗习惯得到尊重的权利。”

《消费者权益保护法》第十五条规定："消费者享有对商品和服务以及保护消费者权利工作进行监督的权利。消费者有权检举、控告侵害消费者权益的行为和国家机关及其工作人员在保护消费者权益工作中的违法失职行为，有权对保护消费者权益工作提出批评、建议。"

《消费者权益保护法》第二十五条规定："经营者不得对消费者进行侮辱、诽谤，不得搜查消费者的身体及其携带的物品，不得侵犯消费者的人身自由。"

《消费者权益保护法》第三十四条规定："消费者和经营者发生消费者权益争议的，可以通过下列途径解决：（一）与经营者协商和解；（二）请求消费者协会调解；（三）向有关行政部门申诉；（四）根据与经营者达成的仲裁协议提请仲裁机构仲裁；（五）向人民法院提起诉讼。"

《消费者权益保护法》第三十七条规定："使用他人营业执照的违法经营者提供商品或者服务，损害消费者合法权益，消费者可以向其要求赔偿，也可以向营业执照的持有人要求赔偿。"

附录 1

国家名称中英文对照

A

Afghanistan……阿富汗［亚洲］
Albania……阿尔巴尼亚［欧洲］
Algeria……阿尔及利亚［非洲］
Andorra……安道尔［欧洲］
Angola……安哥拉［非洲］
Antarctic……南极
Antigua……安提瓜（岛）［加勒比海］
Argentina……阿根廷［南美洲］
Armenia……亚美尼亚［亚洲］
Australia……澳大利亚［大洋洲］
Austria……奥地利［欧洲］
Azerbaijan……阿塞拜疆［亚洲］

B

Bahrain……巴林（岛）［亚洲］
Bangladesh……孟加拉国［亚洲］
Barbados……巴巴多斯（岛）［加勒比海］
Belarus……白俄罗斯［欧洲］
Belgium……比利时［欧洲］
Belize……伯利兹［中美洲］
Benin……贝宁［西非］
Bermuda……百慕大群岛［大西洋西北部］
Bhutan……不丹［亚洲］
Bolivia……玻利维亚［南美洲］
Bosnia and Herzegovina……波斯尼亚和黑塞哥维那（简称波黑）［欧洲巴尔干半岛西部］
Botswana……博茨瓦纳（旧称 Bechuanaland 贝专纳）［非洲］
Brazil……巴西［南美洲］
Brunei……文莱［亚洲］
Bulgaria……保加利亚［欧洲］
Burundi……布隆迪［非洲］

C

Cambodia……柬埔寨［亚洲］

Canada …… 加拿大［北美洲］
Cape Verde Island …… 佛得角群岛［非洲］
Caroline Islands …… 加罗林群岛［西太平洋］
Cayman Islands …… 开曼群岛［加勒比海］
Chile …… 智利［南美洲］
China …… 中国［亚洲］
Colombia …… 哥伦比亚［南美洲］
Costa Rica …… 哥斯达黎加［中美洲］
Croatia …… 克罗地亚［欧洲］
Cuba …… 古巴［加勒比海］
Cyprus …… 塞浦路斯［亚洲］
Czech Republic …… 捷克共和国［中欧］

D

Denmark …… 丹麦［欧洲］
Dominica …… 多米尼克国［加勒比海］
Dominican Republic …… 多米尼加共和国［加勒比海］

E

Ecuador …… 厄瓜多尔［南美洲］
Egypt …… 埃及［非洲］
El Salvador …… 萨尔瓦多［中美洲］
England …… 英格兰［英国：一部分］
Equatorial Guinea …… 赤道几内亚［非洲］
Eritrea …… 厄立特里亚［非洲］
Estonia …… 爱沙尼亚［欧洲］
Ethiopia …… 埃塞俄比亚（旧称阿比西尼亚，Abyssinia）［非洲］

F

Fiji …… 斐济［南太平洋岛国］
Finland …… 芬兰［北欧］
France …… 法国［欧洲］

G

Gabon …… 加蓬［非洲］
Guiana …… 圭亚那地区［南美洲］
Gambia …… 冈比亚［非洲］
Georgia …… 佐治亚州（属美国）
Germany …… 德国［欧洲］
Ghana …… 加纳［非洲］
Gibraltar …… 直布罗陀（属英国）

Greece ······ 希腊［欧洲］
Greenland ······ 格陵兰（岛）（属丹麦）［北美洲东北部］
Grenada ······ 格林纳达［加勒比海］
Guadeloupe ······ 瓜德罗普岛［加勒比海］
Guam ······ 关岛（属美国）［西太平洋］
Guatemala ······ 危地马拉［中美洲］
Guinea ······ 几内亚［非洲］
Guinea－Bissau ······ 几内亚比绍［非洲］
Guyana ······ 圭亚那［南美洲］

H

Haiti ······ 海地岛［加勒比海］
Honduras ······ 洪都拉斯［中美洲］
Hong Kong ······ 中国香港
Hungary ······ 匈牙利［欧洲］

I

Iceland ······ 冰岛（欧洲岛国）［大西洋北部］
India ······ 印度［亚洲］
Indonesia ······ 印度尼西亚［亚洲］
Iran ······ 伊朗［亚洲］
Iraq ······ 伊拉克［亚洲］
Ireland ······ 爱尔兰岛［西欧］；爱尔兰（在爱尔兰岛南部）［西欧国家］
Italy ······ 意大利［欧洲］
Ivory Coast ······ 象牙海岸（科特迪瓦的英文意译）［西非］

J

Jamaica ······ 牙买加［加勒比海］
Japan ······ 日本［亚洲］
Jordan ······ 约旦［亚洲］

K

Kazakhstan ······ 哈萨克斯坦［中亚］
Kenya ······ 肯尼亚［东非］
Korea ······ 朝鲜［亚洲］
Kosovo ······ 科索沃［南斯拉夫自治省名］
Kuwait ······ 科威特［西南亚］
Kyrgyzstan ······ 吉尔吉斯斯坦［中亚］

L

Laos ······ 老挝［东南亚］

附录

Latvia ……………… 拉脱维亚［欧洲］
Lebanon ……………… 黎巴嫩［亚洲］
Lesotho ……………… 莱索托［非洲］
Liberia ……………… 利比里亚［非洲］
Libya ……………… 利比亚［非洲］
Liechtenstein ……………… 列支敦士登［欧洲］
Lithuania ……………… 立陶宛［欧洲］
Luxembourg ……………… 卢森堡［欧洲］；卢森堡市［卢森堡首都］

M

Macedonia ……………… 马其顿［欧洲南部］；马其顿［欧洲巴尔干半岛中南部地区，古代为马其顿王国中心部分］
Madagascar ……………… 马达加斯加（在印度洋西部，由马达加斯加岛及一些小岛组成）［非洲岛国］；马达加斯加岛（岛国马达加斯加的主岛）
Malawi ……………… 马拉维［非洲］
Malaysia ……………… 马来群岛［亚洲］；马来西亚［东南亚］
Mali ……………… 马里［西非］
Malta ……………… 马耳他［欧洲群岛］；马耳他岛（岛国马耳他的主岛）
Marshall Islands ……………… 马绍尔群岛［西太平洋］
Martinique ……………… 马提尼克岛（属法国）［北美洲向风群岛中部］
Mauritania ……………… 毛里塔尼亚［非洲］
Mauritius ……………… 毛里求斯［非洲岛国］；毛里求斯岛（岛国毛里求斯的主岛）
Mexico ……………… 墨西哥［北美洲］；墨西哥州［墨西哥］
Micronesia ……………… 密克罗尼西亚［西太平洋的岛群］；密克罗尼西亚联邦［大洋洲］
Midway Islands ……………… 中途岛［北太平洋］
Moldova ……………… 摩尔多瓦［欧洲］
Monaco ……………… 摩纳哥（公国）［欧洲］；摩纳哥（市）［摩纳哥公国首都］
Mongolia ……………… 蒙古（全称蒙古人民共和国）［亚洲］
Morocco ……………… 摩洛哥［非洲］
Mozambique ……………… 莫桑比克［非洲］
Myanmar ……………… 缅甸［亚洲］

N

Namibia ……………… 纳米比亚［非洲西南部］
Nauru ……………… 瑙鲁［西太平洋岛国］

Nepal ········· 尼泊尔［南亚］
Netherlands ········· 荷兰［欧洲］
New Caledonia ········· 新喀里多尼亚（属法国）［西太平洋一群岛］；新喀里多尼亚岛（新喀里多尼亚群岛的主岛）
New Zealand ········· 新西兰［大洋洲］
Nicaragua ········· 尼加拉瓜［中美洲］
Niger ········· 尼日尔［非洲］
Nigeria ········· 尼日利亚［非洲］
Norfolk ········· 诺福克［英国英格兰郡名］；诺福克［美国弗吉尼亚州东南部港市］
Norway ········· 挪威［欧洲］

O

Oman ········· 阿曼［亚洲］

P

Pakistan ········· 巴基斯坦［亚洲］
Palau ········· 帕劳（旧称 belau 贝劳）［西太平洋岛国］
Palestine ········· 巴勒斯坦［亚洲西部一地区］
Panama ········· 巴拿马［中美洲］
Papua New Guinea ········· 巴布亚新几内亚［大洋洲］
Paraguay ········· 巴拉圭［南美洲］
Peru ········· 秘鲁［南美洲］
Philippines ········· 菲律宾［亚洲］
Poland ········· 波兰［欧洲］
Polynesia ········· 波利尼西亚（属法国）［中太平洋的岛群］
Portugal ········· 葡萄牙［欧洲］
Puerto Rico ········· 波多黎各（岛）［加勒比海］

Q

Qatar ········· 卡塔尔［亚洲］；留尼汪（岛）［印度洋西部］

R

Romania ········· 罗马尼亚［欧洲］
Russia ········· 俄罗斯［欧洲］
Rwanda ········· 卢旺达［非洲］

S

Samoa ········· 萨摩亚群岛［南太平洋］
San Marino ········· 圣马力诺［欧洲］
Saudi Arabia ········· 沙特阿拉伯［亚洲］
Scotland ········· 苏格兰［英国一部分］

附录

Senegal ………………………… 塞内加尔［非洲］
Serbia ………………………… 塞尔维亚
Seychelles ………………………… 塞舌尔（群岛）［印度洋西部岛国］
Sierra Leone ………………………… 塞拉利昂［非洲］
Singapore ………………………… 新加坡［亚洲］
Slovakia ………………………… 斯洛伐克［欧洲］
Slovenia ………………………… 斯洛文尼亚［欧洲］
Solomon Island ………………………… 所罗门群岛［西太平洋］
Somalia ………………………… 索马里［非洲］
South Africa ………………………… 南非［非洲］
Sri Lanka ………………………… 斯里兰卡（旧称锡兰）［亚洲］
Sudan ………………………… 苏丹［非洲］
Suriname ………………………… 苏里南［南美洲］
Swaziland ………………………… 斯威士兰［非洲］
Sweden ………………………… 瑞典［欧洲］
Switzerland ………………………… 瑞士［欧洲］
Syria ………………………… 叙利亚［亚洲］

T

Taiwan ………………………… 中国台湾
Tajikistan ………………………… 塔吉克斯坦［亚洲］
Tanzania ………………………… 坦桑尼亚［非洲］
Thailand ………………………… 泰国［亚洲］
Togo ………………………… 多哥［非洲］
Trinidad and Tobago ………………………… 特立尼达和多巴哥［加勒比海］
Tunisia ………………………… 突尼斯［非洲］
Turkey ………………………… 土耳其［亚洲］
Turkmenistan ………………………… 土库曼斯坦［亚洲］
Tuvalu ………………………… 图瓦卢［西太平洋岛国］

U

Uganda ………………………… 乌干达［非洲］
United Arab Emirates ………………………… 阿拉伯联合酋长国
United Kingdom ………………………… 联合王国（大不列颠及北爱尔兰联合王国的简称，即英国）
United States of America ………………………… 美利坚合众国，即美国［北美洲］
Uruguay ………………………… 乌拉圭［南美洲］
U. S. Virgin Islands ………………………… 美国所属维尔京群岛［加勒比海］
Uzbekistan ………………………… 乌兹别克斯坦［亚洲］

附录

V

Vanuatu ············ 瓦努阿图［西南太平洋岛国］
Vatican City ············ 梵蒂冈［欧洲］
Venezuela ············ 委内瑞拉［南美洲］
Vietnam ············ 越南［亚洲］

W

Wales ············ 威尔士［英国的一部分］

Y

Yemen ············ 也门［亚洲］

Z

Zambia ············ 赞比亚［非洲］
Zimbabwe ············ 津巴布韦［非洲］

附录 2

常用 100 个快递英语词汇

1. a hub of commerce　商业中心

2. accommodate

vt. 容纳；为……提供空间；向……提供；向……提供住处（或膳宿）；借钱给（with）；使适应；使和谐一致；调整；调停（争端等）；给……提供方便（或服务）；对……给予考虑

vi. 适应；（眼）作调节

3. accountable

adj. 应作解释（或说明）的；负有责任的；可解释的，可说明的

4. assignment

n. 分配；委派；（分派的）任务；（指定的）作业

5. badge

n. 徽章；证章；奖章；标记；标识；象征

vt. 授予……徽章（或奖章）；给予……标记

6. charge

vt. 装（满），使充满，使饱含，使充电，使充气；使承担（任务、责任）；命令，告诫，指示；控告，指控（with）；把……归咎（于）（to，with，upon）；要（价），收（费），要（人）支付（钱），使承担经济义务；把……记入（账册等），在（账册等）上记入；攻击，冲向

vi. 冲锋，向前冲；收费，要价；记在账上，（猎犬）听从命令蹲伏

n. 负荷，电荷，（容器的）定量装载物；（一颗子弹所装）炸药量，（一定量的）炸药；充电，充气，装料，主管，掌管，看管，看守；被托管的人（或事物）；靠人赡养的人（on）；费用，价钱，应付项目，借项，借物（如书）项目，（美）赊购账；控告，指控，指责；训令，指示，嘱咐；猛攻，冲锋，冲锋号；〈美俚〉快感，刺激

7. client

n. （商店等的）顾客；主顾；客户

8. complaint

adj. 遵从的，依从的；屈从的，顺从的

9. confidential

n. 密件

10. configuration

n. 配置，布局，构造，结构；形状，外形

11. consolidate

vt. 巩固；加固；加强对……的控制；把……合成一体；使合并；使统一；（集装

箱运输中）把（零担货物）拼装成箱；使结实

vi. 巩固，加强；合并，联合，统一；变结实

12. consolidation

n. 巩固，加强；合并，联合；统一；（集装箱运输中零担货物的）拼箱

13. custody

n. 照管，看管，监护；拘留，羁押

14. customize

vt. （按顾客要求）定制，定做，改制

15. decrease

vi. 减少，减小；vt. 减少，减小

n. 减少，减小；减少额，减小量

16. dedicated

adj. 献身的，一心一意的；致力于

17. delivery

n. 投递，传送，运载；一次交付（或投递）的货物（或邮件）；交付，交货

18. depot

n. 仓库；〈美〉火车站；公共汽车站；航空站；〈主英〉车库；（汽车，火车等的）维修工厂

19. direct delivery　直接投递

20. dispatch

vt. （迅速地）派遣；派出；（迅速地）发送（信件、电报等）；调遣；迅速处理，迅速办妥

n. （迅速）派遣；（迅速）发送；急件；公文急报；快信；（新闻）报道；迅速（办理）；敏捷；迅速摆脱；调度；运输行

21. distribution

n. 配送；分发；分配；分送；配给物；分配装置；分配系统

22. documentation

n. 文件证据的提供（或使用）；（提供或使用的）文件证据，文献资料；符合史实（或客观事实）

23. eliminate

vt. 排除；排泄；消除；消灭；（在比赛中）淘汰；不予考虑；略去

24. emergency

n. 紧急情况；突然事件；非常时刻；紧急需要；急症（病人）

adj. 紧急情况下使用（或出现）的；应紧急需要的

25. enumerate

vt. 数，点；列举，枚举

26. every day concerns　日常事务

27. exactly

adv. 确切地，精确地，完全地，全然；(加强语气) 恰恰，正是

28. exceptional

adj. 例外的，异常的，罕见的，特殊的；超过一般水平的，优越的

29. expense

n. 支出，消费，花费，费用，费，价钱，(精力，时间等的) 消耗，花钱，支钱，耗费；[—s] 开支，经费，损耗费用，业务费用 (或津贴)；费钱之物，花钱的缘由 (或场合)；代价，损失，损害，牺牲

vt. 向……收取费用，把……记入费用账

30. express 快运邮件

31. express

vt. 〈美〉特快发送，快运 (邮件、包裹、钱、货物等)；〈英国〉特快专递 (邮件)；快递，快速

adj. (特) 快的；快速的；直达的；供快速行进的；〈英〉特快邮送的，由专差急送的 adv. 由直达快车；以快递方式，用快递；〈英〉由快邮；由专差急送地

n. 〈主美〉特快货运；快运，快递，快件，快运物品；捷运公司，快汇；〈英〉特种邮递；由专差递送的急件，专差；由小马车快递的邮政制度

32. express class 快运分类，快运分级

33. express delivery

n. 快递，限时专送，明示交付，快件

34. express delivery fee 快递费用

35. express delivery letter 快递信件

36. express delivery service 快邮服务

37. express goods 快运货物

38. expressage

n.〈美〉(小包裹的) 快递业务；快递费；快汇业务；快递；速运服务

39. express—delivery company 快递公司

40. extensive

adj. 广大的；广阔的；广泛的；全面的；彻底的；数量大的；数目多的；延伸的；长的

41. feeder

n. 进料器；支流；支脉；分支；支路；铁路支线；航运支线

42. fleet

v. 疾飞；迅速行进

adj. 快速的；敏捷的

n. (汽) 车队；船队；机群；舰队似的一群

43. fluctuate

vi. 波动；涨落；起伏；动摇不定

vt. 使波动；使涨落；使起伏；使不稳定

44. freight

n. （货运）货物；运费；货运；〈美〉货运列车；负担；重担

vt. 装货于；使负重担；使充满；以货运业务运输（货物）；租（船等）运货；出租（船等）运货

adv. 用货运办法

45. handle

n. 柄，把手；把柄，可乘之机；〈口〉称号，头衔；（织物等的）手感；（对赛马等所下的）赌金总额；（问题的）要塞，处理方法

vt. 触，摸，拿，弄；运用，模拟，驾驭（马）；处理，管理，对待（人）；经营，买卖

vi. （用手）搬运；受操纵（或管理等）时表现为

46. hub

n. 中心；枢纽

47. identify

vt. 使等同于，认为……等同于（with）；认出，识别，鉴定，验明；确定；[心]认识（自我）与他人的同一性（with）

vi. 一致，成为一体，同情；[心]认同，认为同一（with）

48. increase

vt. 增加，增长，增强，增大

vi. 增加，增长，增强，增大，增殖，繁殖

n. 增加，增长，增强，增大；（利润、产品等）增加量

49. infectious

adj. 传染的；传染性的；有感染力的，易传播的；有坏影响的，有腐蚀作用的

50. infusion

n. 注入；灌输；输注；输液；炮制，浸渍；注入物；混合物

51. integrate

vt. 使结合（with）；使合并（into）；一体化；使整合；同化

vi. （与……）结合起来（with）；成为一体

adj. 整体的，完全的，综合的，合成的

52. integrated

adj. 整体的；完全的；综合的；互相协调的；〈美〉取消隔离的；平等对待的

53. intermediate

adj. 中间的；居间的

54. inventory

n. 财产目录，存货清单，存货盘存（报表）；存货；细账，详细目录，财产目录（或其他细目）的编制；自然资源调查（目录）；个人品德（或技能等）的鉴定记录

vt. 编制……的目录，为……开列存货清单；把……编目

55. lift

vt. 提起，举起，抬，吊，（尤指向上）移动；提高，提升，使高涨，振奋；运送，空运；挖出（山芋等）；拔起（秧苗）以备移植，拔（营、帐）；解除（封锁，包围等），撤销（命令）；〈口〉偷，剽窃，断章取义地抽出（词，句等）；（美）清偿；把（板球）向高空击去；给（脸部）整容；（从物体表面）取（指印）

vi. 被提（或举）起，升起；（云、雾等）消散；耸立；用力举（或提）；（船）随浪升高；（地面）隆起

n. 提，吊，上升，举；一次提（或吊等）的量；振奋，鼓舞；高昂的姿态；（地面的）隆起，上升；〈英〉电梯；爬山电梯（或吊车）；（修理汽车用的）千斤顶，起重机升力，空运；[机] 升程，（运河水闸中的水位的）上升程度；（皮鞋）后跟度；帮忙，搀扶，（半路上）搭便车，免费搭车；偷窃

56. load

n. 担子；重载；一车（或一船、一飞机）装载量；[一s]〈口〉大量；许多；一大堆

vt. 装；装载；使充满；大量给予（with）；使负重荷；使受重压

vi. 装货，上客

57. location

n. 定位；位置；场所

58. LTL，less than truckload　零担货

59. major

adj. 较大的，较多的，较大范围的；较重要的，重点的，主要的；〈英〉[置于姓名后]（在同校学习的兄弟间）较年长的；（同姓名者中）最先入学的；（专业课程中）主修的；达到法定年龄的，成年的；（手术等）有生命危险的，严重的；大多数的，构成大多数的

n. 成年人，已达到法定年龄者；〈美〉（大学中的）主修科目；主修学生；大人物（或公司等）；地位优越者；成绩卓越者；少校

vi.〈美〉主修，专攻（in）

60. minimum

n. 最小量，最小数；最低限度；（温度等变量达到或记录到的）最低值，最低点

adj. 最小的，最少的，最低的

61. multiply

vi. 增加；增多；增殖，繁殖；做乘法

vt. 使增加；使成倍地增加；[数] 乘，使相乘

62. notification

n. 通知，通知单，通知书，布告

63. off-load

vt. 卸（货）；下（客）；卸去（责任等）

64. one-stop　一站，一次停留

65. order

n. 次序，顺序；有条理，整齐，工作（或健康等）状况；治安，秩序，制度，（会议等的）规程，程序；通例，常规，（尤指自然界的）法规；等级，种类；［常作一s］社会等级，阶层，界；勋章，勋位；［常作一s］命令，指示；订购，订货单；（待）交付的订货，订货量，（点）一份菜；（叫）一盒饭；汇票，汇单；（转让产业的）许可证，授权证明书

vt. 整理，安排，命令，指示；订购，预订，点（菜饭等）；（医生）嘱咐，处（方），开（药）；（命运等）注定

vi. 发命令，指挥；订货，点菜（或饮料等）；管理，整理

int. 安静（会议主席用语）

66. parcel express 包裹快运

67. permit

vt. 允许，许可，准许；使成为可能，使有可能

vi. 允许，许可，准许；提供可能，给以机会

n. 许可；执照；许可证

68. pharmaceutical

adj. 制药的；药（剂）师的；药（物）的；药用的

n. 药品，药剂，药物

69. pickup

n. 拾起；提货；加速；轻型货车；搭车（人）；搭货

70. post

n. 〈主英〉邮政；邮寄；〈英〉（一批）邮件（＝〈美〉mail）；邮件的一次发送（或收进）；〈英〉邮局；邮筒；邮箱；〈方〉邮差

vi. 快速进行（或骑行）；赶紧

vt. 〈主英〉投寄，邮寄

adv. 用邮寄，以快递方式，急速地，加急地

71. private

adj. 私人的；私有的；私营的；专用的私人信件

72. procedure

n. 手续；步骤；程序；传统的做法；常规；（外交、军队等的）礼仪，礼节

73. professionalism

n. 职业特性，职业作风；职业化（尤指雇用或当职业选手等）；专业化；专门化

74. prove

vt. 证实，证明；表明；表现；显示（自己）能干（或勇敢等）；检验；试验

vi. 证明是，表明是

75. regular

adj. 规则的，有规律的，固定的；齐整的；匀称的；有系统的；［数］正的，正则的；定时的，定期的；经常的；习惯性的；普遍的；正式的；正常的；符合规定的；合格的；〈口〉十足的；彻底的；〈口〉挺不错的，可亲的；可靠的

n. 正规兵；老顾客；常客；固定职工；固定成员；(衣服的) 一般尺寸，常规尺寸

adv. 规则地，经常地；十分；非常

76. reputation

n. 名誉；声望；好名声；声望；美名；声誉

77. residential

adj. 居住的，住宅的，作住家用的；供学生住宿的，(须) 住在住所的

78. restriction

n. 限制；限定；约束

79. route

n. 道路 (尤指公路)；路线；路程；航线；(邮递、送奶等的) 划定递送路线 (或地区)；渠道；途径

vt. 按规定路线发送；给……定路线；安排……的程序

80. routed service　指定投递线路的服务

81. rush

vi. 冲，奔，闯；仓促行动 (to，into)；突然出现，涌现；赶快，赶紧；抢先；急速

vt. 使冲；催促；[常用被动语态] 使紧张繁忙；突然袭击，冲过去占领 (建筑物等)，蜂拥的抢占；飞速跃过，〈俚〉向……索高价；〈美〉向 (女子等) 大献殷勤，拼命追求；殷勤拉拢，热情争取 (人员等)

n. (冲) 奔，急速行进 (或流动)；(一阵) 忙碌，繁忙 (时候)；(突然产生的) 一大批；迫切需要，抢购，蜂拥前往；突然袭击，猛攻

adj. 急需的；匆忙的，繁忙的

82. sequential

adj. 连续的；相继的；作为结果产生的

83. similar

adj. 相似的，类似的 (to)

84. similarly

adv. 相似地，类似地

85. solution

n. 解决 (办法)；解答；解释

86. specific

adj. 特有的，特定的；具体的，明确的，确切的；[商] (关税) 按数量 (或重量等) 征取而不按货价征取的

n. 为特定用途的东西；特性，特色；[—s] 细节，详细说明书

87. specimen

n. 样本；标本；样品；抽样；供检查用的材料，试料；[医] (临床检验用内的尿等) 抽样，标本；〈口〉〈贬〉怪人；有特点 (或怪异特征) 的事物；家伙

88. spoke

附录

n. 轮辐

89. stationary

adj. 不动的，停留的，静止的；固定的，定住的；不变的，稳定的；定居的，非流动的

n. 固定（或静止、稳定）的事物；定居的人

90. structure

n. 结构；构造；组织；结构物；建筑物；设备；装置；条理（性）

vt. 构造；组织；建造

91. suit

n. 请求，恳求，请愿，呼吁，求婚；起诉，控告，诉讼，讼家；（一套）衣服；[常用于构成复合词]（特种用途的）全套衣装；套，副，组；（一套纸牌或西洋骨牌等中）所有花色（或点子等）相同的牌；（打牌时）手中持有的相同花色（或同点子等）的一组牌

vt. 适合，适宜于，使满意，中……的意，合乎……的要求（或利益）；使配合，使适合，使适应（to）

vi. 合适，适当，令人满意；相称，相当（with）；穿上特种用途的全套衣装（如宇航服，防护服等）（up）〈古〉相一致，彼此协调

92. superior

adj. 位于高处的；较高的；上方的；上部的；（在职位、地位、等级、权利等方面）较高的；上级的；（在数量等方面）较大的，较多的；（在质量等方面）较好的，优越的，优良的；不受……影响的；不为……所动的；不屈服于……的（to）；有优越感的；高傲的；傲慢的；包括范围更广的

n. 上级；长官；长者；占优势者，优胜者

93. term

n. 期，期限，终止期；学期；任期；（工资、房租等的）付款日；（季度）结账日；[律] 开庭期，地产租用期，限期租用地产；（足月）分娩期；[－s]（契约、谈判等的）条款，条件，价格，费用；[－s] 关系，交情，地位；词语，名称，专门名词，术语，[－s] 说话方式，措辞；〈古〉界限，极限，终点，终止

vt. 把……称为，把……叫做

94. tractor

n. 拖拉机；牵引式飞机；牵引车

95. trailer

n. 拖曳者，拉车牲口；追踪者，追猎者；拖车，挂车；拖车运输工具；汽车拖的活动住屋（或野外工作室）

vt. 用拖车运；预告

96. underutilize

vt. 未充分利用

97. uniform

adj.（与其他）完全一样的，相同的，一致的；一直不变的；始终如一的，一贯的；均质的，均匀的；（税收、法律等）划一的，统一的

n. 制服，军服

vt. 使成一样，使一律化，使穿制服（或军服）

98. urgency

n. 紧急，急迫；紧要；强求，催促，坚持；紧急情况；紧急事情

99. value

n. 价值；价格；交换力；购买力；益处；重要性；有用性；等值；公平的代价；估价；价值观念；标准；社会准则

vt. 估……的价；把……作价为；评价；尊重；重视

100. warehouse /logistics　仓库/物流

附录 3

《快递业务经营许可管理办法》

快递业务经营许可管理办法

（《快递业务经营许可管理办法》已于 2009 年 8 月 27 日经第 8 次部务会议讨论通过，自 2009 年 10 月 1 日起施行。）

第一章　总　则

第一条　为规范快递业务经营许可管理，促进快递行业健康发展，根据《中华人民共和国邮政法》《中华人民共和国行政许可法》及其他有关法律、行政法规的规定，制定本办法。

第二条　快递业务经营许可的申请、审批和监督管理，适用本办法。

第三条　国务院邮政管理部门及省、自治区、直辖市邮政管理机构（以下统称邮政管理部门）负责快递业务经营许可的管理工作。

第四条　快递业务经营许可管理，应当遵循公开、公平、公正以及便利高效的原则。

第五条　经营快递业务，应当依法取得邮政管理部门颁发的《快递业务经营许可证》，并接受邮政管理部门及其他有关部门的监督管理；未经许可，任何单位和个人不得经营快递业务。

第二章　许可条件

第六条　申请经营快递业务，应当符合《中华人民共和国邮政法》第五十二条的规定，具备下列条件：

（一）符合企业法人条件。

（二）在省、自治区、直辖市范围内经营的，注册资本不低于人民币五十万元，跨省、自治区、直辖市经营的，注册资本不低于人民币一百万元，经营国际快递业务的，注册资本不低于人民币二百万元。

（三）有本办法第七条、第八条、第九条规定的与申请经营的地域范围相适应的服务能力。

（四）有严格的服务质量管理制度，包括服务承诺、服务项目、服务价格、服务地域、赔偿办法、投诉受理办法等，有完备的业务操作规范，包括收寄验视、分拣运输、派送投递、业务查询等制度。

（五）有健全的安全保障制度和措施，包括保障寄递安全、快递服务人员和用户人身安全、用户信息安全的制度，符合国家标准的各项安全措施，开办代收货款业务的，应当以自营方式提供代收货款服务，具备完善的风险控制措施和资金结算系统，并明确与委托方和收件人之间的权利、义务。

（六）法律、行政法规规定的其他条件。

第七条　申请在省、自治区、直辖市范围内经营快递业务的，应当具备以下服务能力：

（一）具备在省、自治区、直辖市范围内经营快递业务的网络和运递能力。

（二）经营同城快递业务的，须提供寄递快件（邮件）的电话查询服务，经营省内异地快递业务的，除提供上述电话查询服务外，还应当有提供寄递快件（邮件）跟踪查询的信息网络。

（三）有符合《快递业务员国家职业技能标准》并通过资格认定的快递业务员，经营同城快递业务的，快递业务员中具备初级以上资格的不低于30%，经营省内异地快递业务的，快递业务员中具备初级以上资格的不低于40%。

第八条　申请跨省、自治区、直辖市经营快递业务的，应当具备以下服务能力：

（一）具备与申请经营地域范围相适应的网络和运递能力。

（二）有封闭的、面积适宜的快件（邮件）处理场所，符合国务院邮政管理部门及国家安全机关依法履行职责的要求，并配备相应的处理设备、监控设备和消防设施。

（三）有统一的计算机管理系统，有可提供寄递快件（邮件）跟踪查询的信息网络，并配置符合规定的数据接口，能够根据要求向邮政管理部门提供寄递快件（邮件）的有关数据。

（四）有符合《快递业务员国家职业技能标准》并通过资格认定的快递业务员，企业及其各分支机构快递业务员中，具备初级以上资格的均不低于40%。

第九条　申请经营国际快递业务的，应当具备以下服务能力：

（一）具备经营国际快递业务的网络和运递能力。

（二）有封闭的、面积适宜的快件（邮件）处理场所，符合国务院邮政管理部门及国家安全机关、海关依法履行职责的要求，并配备相应的处理设备、监控设备和消防设施。

（三）有统一的计算机管理系统，有可提供寄递快件（邮件）跟踪查询的信息网络，并配置符合规定的数据接口，能够根据要求向邮政管理部门和有关部门提供寄递快件（邮件）的报关数据。

（四）有符合《快递业务员国家职业技能标准》并通过资格认定的快递业务员，企业及其各分支机构快递业务员中，具备初级以上资格的均不低于50%。

（五）有获得专业资格的报关、报检、报验人员。

第十条　外商不得投资经营信件的国内快递业务。

国内快递业务，是指从收寄到投递的全过程均发生在中华人民共和国境内的快递业务。

邮政企业以外的经营快递业务的企业（以下称快递企业），不得经营由邮政企业专营的信件寄递业务，不得寄递国家机关公文。

第三章　审批程序

第十一条　申请快递业务经营许可，在省、自治区、直辖市范围内经营的，应当向所在地省、自治区、直辖市邮政管理机构提出申请；跨省、自治区、直辖市经营或者经营国际快递业务的，应当向国务院邮政管理部门提出申请。

第十二条　申请快递业务经营许可，应当向邮政管理部门提交下列申请材料：

（一）快递业务经营许可申请书。

（二）工商行政管理部门出具的企业名称预核准通知书或者企业法人营业执照。

（三）验资报告、场地使用证明以及本办法第六、七、八、九条规定条件的相关材料。

（四）法律、行政法规规定的其他材料。

第十三条　邮政管理部门应当自受理之日起四十五日内对申请材料审查核实，作出批准或者不予批准的决定。予以批准的，颁发《快递业务经营许可证》；不予批准的，书面通知申请人并说明理由。

邮政管理部门审查快递业务经营许可的申请，应当考虑国家安全等因素，并征求有关部门的意见。

第十四条　申请人凭《快递业务经营许可证》向工商行政管理部门办理设立或者变更登记。

第十五条　跨省、自治区、直辖市经营或者经营国际快递业务的，自企业取得《快递业务经营许可证》之日起三十日内，企业分支机构应当持《快递业务经营许可证》副本，到所在地省、自治区、直辖市邮政管理机构备案。

快递企业设立、撤销分支机构或者合并、分立的，应当向邮政管理部门备案。

第十六条　《中华人民共和国邮政法》公布前按照国家有关规定，经国务院对外贸易主管部门批准或者备案，并向工商行政管理部门依法办理登记后经营国际快递业务的国际货物运输代理企业，依照《中华人民共和国邮政法》第八十五条规定领取《快递业务经营许可证》的，应当向国务院邮政管理部门提交下列材料：

（一）《快递业务经营许可证》领取申请书。

（二）国务院对外贸易主管部门批准或备案文件。

（三）工商行政管理部门依法颁发的营业执照。

（四）分支机构名录。

第四章　许可证管理

第十七条　经营快递业务的企业，应当按照《快递业务经营许可证》的许可范围和有效期限经营快递业务。

《快递业务经营许可证》的有效期限为五年。

经营快递业务的企业，应当在《快递业务经营许可证》有效期届满三十日前向颁发许可证的邮政管理部门提出申请，换领许可证。

第十八条　《快递业务经营许可证》管理实行年度报告制度。经营快递业务的企业应当在每年四月三十日前向颁发《快递业务经营许可证》的邮政管理部门提交下列材料：

（一）年度报告书，包括年度经营情况、遵守法律法规情况等。

（二）《快递业务经营许可证》副本原件。

（三）企业法人营业执照复印件。

第十九条 《快递业务经营许可证》企业名称、企业类型、股权关系、注册资本、经营范围、经营地域和分支机构等事项发生变更的，应当报邮政管理部门办理变更手续，并换领许可证。

第二十条 快递企业在《快递业务经营许可证》有效期内停止经营的，应当提前书面告知颁发许可证的邮政管理部门，交回《快递业务经营许可证》，并按邮政管理部门规定妥善处理未投递的快件。

第二十一条 遇有下列情形之一的，邮政管理部门应当依法办理快递业务经营许可的注销手续：

（一）《快递业务经营许可证》有效期届满未延续的。

（二）企业法人资格依法终止的。

（三）申请人自取得《快递业务经营许可证》后无正当理由超过六个月未经营快递业务的，或者自行连续停业六个月以上的。

（四）《快递业务经营许可证》有效期内停止经营的。

（五）快递业务经营许可依法被撤销、撤回的，或者《快递业务经营许可证》被依法吊销的。

（六）法律、行政法规规定的其他情形。

第二十二条 邮政管理部门应当对《快递业务经营许可证》的颁发、变更、注销等事项向社会公告。

第二十三条 《快递业务经营许可证》由国务院邮政管理部门统一印制。

任何组织和个人不得伪造、涂改、冒用、租借、买卖和转让《快递业务经营许可证》。

第五章 监督检查

第二十四条 邮政管理部门依法对取得《快递业务经营许可证》的企业进行监督检查，被检查企业应当接受和配合监督检查。

第二十五条 监督检查的主要内容：

（一）经营快递业务的企业名称、法定代表人（负责人）、经营地址、经营范围、经营地域、经营期限等重要事项，应当与《快递业务经营许可证》登记事项相符合。

（二）《快递业务经营许可证》变更、延续、注销等手续的执行和办理情况。

（三）经营快递业务的企业应当持续符合颁发《快递业务经营许可证》的条件。

（四）法律、行政法规规定的其他内容。

第二十六条 邮政管理部门进行监督检查时，监督检查人员不得少于二人，并应当出示执法证件；应当记录监督检查的情况和处理结果，由监督检查人员签字后归档。

第二十七条　邮政管理部门进行监督检查时，不得妨碍经营快递业务的企业正常的生产经营活动，不得收取任何费用。

第二十八条　公民、企业和其他组织发现邮政管理部门的工作人员在实施行政许可和监督检查过程中有违法行为，有权向邮政管理部门举报，接到举报的邮政管理部门应当及时核实，处理。

第六章　法律责任

第二十九条　违反本办法第五条、第十七条第一款规定的，依照《中华人民共和国邮政法》第七十二条规定予以处罚。

第三十条　申请快递业务经营许可时，申请人隐瞒真实情况，弄虚作假，骗取经营许可的，由邮政管理部门依法撤销经营许可，并可处以一万元以上三万元以下的罚款。

伪造、涂改、冒用、租借、买卖和转让《快递业务经营许可证》的，邮政管理部门可处以一万元以上三万元以下罚款，构成犯罪的，依法追究刑事责任。

第三十一条　快递企业设立分支机构、合并、分立，未向邮政管理部门备案的，依照《中华人民共和国邮政法》第七十三条规定予以处罚。

除前款规定外，经营快递业务的企业，未按本办法规定办理备案、变更手续，或者未按期提交年度报告书的，由邮政管理部门责令改正，并可处以一万元以下的罚款；办理备案和变更手续、提交年度报告书，隐瞒真实情况、弄虚作假的，由邮政管理部门责令改正，并可处以一万元以上三万元以下的罚款。

第三十二条　快递企业停止经营快递业务，未书面告知邮政管理部门并交回《快递业务经营许可证》，或者未按照国务院邮政管理部门的规定妥善处理尚未投递的快件的，依照《中华人民共和国邮政法》第七十三条规定予以处罚。

第三十三条　违反本办法第二十四条规定，依照《中华人民共和国邮政法》第七十七条规定予以处罚。

第三十四条　经营快递业务的企业对邮政管理部门根据本办法作出的具体行政行为不服的，可以依法申请行政复议，也可以向人民法院提起行政诉讼。

经营快递业务的企业逾期不履行行政处罚决定的，由作出行政处罚决定的邮政管理部门申请人民法院强制执行。

第三十五条　邮政管理部门工作人员在快递业务经营许可管理工作中滥用职权、玩忽职守、徇私舞弊的，由主管机关或者监察机关给予行政处分；涉嫌构成犯罪的，由司法机关追究刑事责任。

第七章　附　则

第三十六条　除本办法第十六条规定的企业外，《中华人民共和国邮政法》公布前依法向工商行政管理部门办理登记后经营快递业务的企业，不具备经营快递业务的条件的，应当自本办法实施之日起一年内达到经营快递业务的条件，并依法取得快递业务经营许可，逾期不能取得快递业务经营许可的，不得继续经营快递业务。

第三十七条　本办法自二〇〇九年十月一日起施行。

附录 4

《快递市场管理办法》

快递市场管理办法

（《快递市场管理办法》于 2008 年 7 月 8 日经第 8 次中华人民共和国交通运输部部务会议通过，2008 年 7 月 12 日公布，自公布之日起施行。）

一、总则

第一条　为加强快递市场管理，维护国家安全和公共安全，保护用户合法权益，促进快递服务健康发展，依据《中华人民共和国邮政法》《中华人民共和国邮政法实施细则》和国家有关规定，制定本办法。

第二条　从事快递经营活动应当遵守本办法。

第三条　本办法所称快递，是指快速收寄、分发、运输、投递单独封装、具有名址的信件和包裹等物品，以及其他不需储存的物品，按照承诺时限递送到收件人或指定地点，并获得签收的寄递服务。

第四条　快递市场管理遵循公开、公平、公正的原则，促进快递市场的统一、开放、竞争、有序，满足经济社会发展需要。邮政专营权受法律保护。从事快递经营活动的企业（以下简称快递企业）应当依法经营，诚实守信，公平竞争，为用户提供迅速、准确、安全、方便的快递服务。

第五条　快递协会组织应当加强行业自律，并为快递企业提供信息、培训等方面的服务，促进快递服务的健康发展和总体水平的提升。

第六条　通信自由和通信秘密受法律保护。除因国家安全或者追查刑事犯罪的需要，由公安机关、国家安全机关或者检察机关依照法律规定的程序对通信进行检查外，任何组织或者个人不得以任何理由侵犯他人的通信自由和通信秘密。

第七条　国家邮政管理部门负责全国快递市场的监督管理。各省、自治区、直辖市邮政管理部门（以下简称省级邮政管理部门）负责本行政区域快递市场的监督管理。

第八条　快递企业的运输活动应当遵守相关运输管理法规，接受运输主管部门的监督管理。

二、快递服务

第九条　快递企业提供快递服务应当遵守其公开的服务承诺，符合《快递服务》邮政行业标准。

第十条　快递企业应当在营业场所公示或以其他方式向社会公布其服务种类、服务价格、营业时间、运递时限等服务承诺，并在规定时间内向省级邮政管理部门备案。

第十一条　快递企业应当以书面形式明确快递企业与用户双方的权利和义务，其格式合同条款应当做到公平合理、准确全面，并向省级邮政管理部门备案。

第十二条　快递企业应当建立与用户沟通的渠道和制度，向用户提供业务咨询、查询等服务，并采取公布服务监督电话等形式认真受理用户投诉。快递企业对邮政管理部门转办的用户申诉，应当妥善处理，并按要求给予回复。

第十三条　快递企业应当按照国家有关规定建立突发事件应急机制。发生重大服务阻断时，快递企业应当按照有关规定及时向省级邮政管理部门报告。在事故处理过程中，快递企业应当对所有与事故有关的资料进行记录和保存。相关资料和书面记录至少保存 1 年。快递企业因停业、转产、破产等原因，停止快递经营活动的，应当及时妥善处理所收寄的快件，并向省级邮政管理部门报告。

第十四条　快递企业应当加强对快递从业人员的职业技能培训。快递业务员应当符合国家职业标准。

第十五条　快递企业不得实施下列行为：

（一）违反国家规定，收寄禁止寄递的物品，或未按规定收寄限制寄递的物品。

（二）相互串通操纵市场价格，损害其他快递企业或用户的合法权益。

（三）冒用他人名称、商标标识和企业标识，扰乱市场经营秩序。

（四）违法扣留用户快件。

（五）违法泄露在从事快递服务过程中知悉的用户信息。

（六）法律法规禁止的其他行为。

第十六条　快递从业人员不得实施下列行为：

（一）私自开拆、隐匿、毁弃、扣留、倒卖、盗窃快件。

（二）违法泄露在从事快递服务过程中知悉的用户信息。

（三）法律法规禁止的其他行为。

三、快递安全

第十七条　任何组织和个人不得利用快递网络从事危害国家安全、社会公共利益或者他人合法权益的活动。下列物品禁止寄递：

（一）法律法规禁止流通或者寄递的物品。

（二）各种危害国家安全和社会政治稳定以及淫秽的出版物、宣传品、印刷品等。

（三）武器、弹药、麻醉药物、生化制品、传染性物品和爆炸性、易燃性、腐蚀性、放射性、毒性等危险物品。

（四）妨害公共卫生的物品。

（五）流通的各种货币。

（六）国家规定禁止寄递的其他物品。

第十八条　快递企业应当建立并严格执行收寄验视制度。对用户交寄的信件以外的快件，快递企业应当按照国家有关规定当场验视内件，当面封装。用户拒绝验视的，不予收寄。快递企业在收寄过程中发现有国家规定禁止寄递物品的，应当及时向相关部门报告。

第十九条　快递企业对不能确定安全性的可疑物品，应当要求用户出具相关部门的安全证明。用户不能出具安全证明的，不予收寄。快递企业收寄已出具安全证明的物品时，应当如实记录收寄物品的名称、规格、数量、重量、收寄时间、寄件人收件人名址等内容，记录保存期限应当不少于 1 年。

第二十条 快递企业接受网络购物、电视购物和邮购等经营者委托提供快递服务的，应当与委托方签订安全保障协议，并报省级邮政管理部门备案。快递企业从事代收货款业务，应当遵守国家邮政管理部门的规定。

第二十一条 快递企业设置快件处理中心，应当事先征询省级邮政管理部门意见，并按照国家有关规定预留相关工作场地。

四、监督管理

第二十二条 国家鼓励和引导快递企业采用先进技术，充分利用交通运输资源，促进规模化、品牌化、网络化经营。

第二十三条 邮政管理部门应当加强对快递服务突发事件的管理。发生影响快递服务安全和快递网络正常运行的突发事件时，邮政管理部门立即启动应急预案，根据突发事件应急处理的需要，采取必要的应急措施。

第二十四条 国家实行快递统计报告制度，快递企业应当按规定向邮政管理部门上报统计报表和报告。

第二十五条 国家实行快递企业等级评定制度，建立以公众满意度、时限准时率和用户申诉率为核心的快递服务质量评价体系，定期评估测试快递服务水平，并向社会公告。

第二十六条 为便于邮政管理部门获取相关信息，快递企业应当在领取营业执照之日起 20 个工作日内到邮政管理部门办理备案手续。跨省、自治区、直辖市范围经营快递业务或经营国际及港、澳、台快递业务的，企业总部到国家邮政管理部门办理备案手续，其他快递企业以及企业分支机构到省级邮政管理部门办理备案手续。

第二十七条 快递企业办理备案手续应当提交以下文件：

（一）国家邮政管理部门制定的企业基本情况备案表。

（二）营业执照原件及复印件。

（三）法定代表人或负责人身份证明。

（四）服务与安全管理制度。

（五）法律、法规、规章规定的其他文件。

第二十八条 快递企业备案情况发生变更的，应当在变更发生之日起 20 个工作日内，向原备案机关变更备案。

第二十九条 邮政管理部门在收到备案或变更备案文件之日起 20 个工作日内，对备案文件进行核查。对备案文件齐备的予以备案或变更备案。

第三十条 邮政管理部门应当加强对快递企业及其从业人员遵守本办法情况的监督检查。邮政管理部门依法实施监督检查，可以采取下列措施：

（一）进入有关场所进行检查。

（二）向有关单位和人员了解情况。

（三）查阅、复制有关文件、资料、凭证。

（四）发现违禁品进行登记保存，移交有关部门处理。

（五）对检查中发现的违法行为，依法进行处理。对重大违法行为，建议有关部门依法对其进行停业整顿，直至取消经营资格。

第三十一条　邮政管理部门工作人员应当严格按照法定程序进行监督检查。实施监督检查时，应当出示执法证件，并由两名或两名以上工作人员共同进行。被检查单位及其有关人员应当予以配合，不得拒绝、阻碍，并对有关情况予以保密。

邮政管理部门工作人员对监督检查过程中知悉的被检查单位的技术秘密和业务秘密，应当保密。

五、法律责任

第三十二条　邮政管理部门工作人员违反本办法第三十一条规定的，依法给予行政处分；构成犯罪的，依法追究刑事责任。

第三十三条　快递企业违反快递服务标准，严重损害用户利益的，由邮政管理部门责令改正，并处以 5 000 元以上，30 000 元以下的罚款。

第三十四条　违反本办法第十条、第十二条、第十三条、第十八条、第十九条、第二十条和第二十四条规定的，由邮政管理部门责令改正，并处以 3 000 元以上，30 000 元以下的罚款。

第三十五条　违反本办法第十五条第（一）、（四）、（五）、（六）项规定的，由邮政管理部门责令改正，对快递企业处以 10 000 元以上，30 000 元以下的罚款；对快递企业法定代表人或负责人以及其他直接责任人员处以 1 000 元以上，5 000 元以下的罚款。违反本办法第十五条第（二）、（三）项规定的，由国家有关部门依法处理。

第三十六条　违反本办法第十六条规定的，由邮政管理部门对快递企业处以 5 000 元以上，30 000 元以下的罚款；对直接责任人员处以 1 000 元以上，5 000 元以下的罚款；构成犯罪的，依法追究刑事责任。

第三十七条　违反本办法规定，未办理备案或变更备案的，由邮政管理部门责令改正，并处以 10 000 元以上，30 000 元以下的罚款。

第三十八条　拒绝、阻碍邮政管理部门及其工作人员依法履行监督检查职责的，由邮政管理部门对被检查单位给予警告，并处以 5 000 元以上，30 000 元以下的罚款。

第三十九条　公民、法人或者其他组织认为邮政管理部门的具体行政行为侵犯其合法权益的，可以依法向国家邮政管理部门申请行政复议或者直接向人民法院起诉。

六、附则

第四十条　本办法公布前领取营业执照的快递企业，应当在本办法施行之日起 60 日内到邮政管理部门办理备案手续。法律、行政法规对快递市场准入另有规定的，从其规定。

第四十一条　本办法自公布之日起施行。

附录 5

行业标准《快递服务》

快递服务

1. 范围

本标准规定了快递服务组织、服务环节、服务改进的基本要求。

本标准适用于从事快递服务的组织和人员。

2. 术语和定义

下列术语和定义适用于本标准。

2.1 快递服务

2.1.1 快递服务 express service；courier service

快速收寄、运输、投递单独封装的、有名址的快件（2.2.1）或其他不需储存的物品，按承诺时限递送到收件人或指定地点、并获得签收的寄递服务。

2.1.2 同城快递服务 urban express service

寄件人和收件人在中华人民共和国内地同一城市内的快递服务。

2.1.3 国内异地快递服务 inland express service

寄件人和收件人分别在中华人民共和国内地不同城市的快递服务。

2.1.4 港澳快递服务 Hong Kong and Macao express service

寄件人和收件人分别在中华人民共和国内地和香港、澳门地区的快递服务。

2.1.5 台湾快递服务 Taiwan express service

寄件人和收件人分别在中华人民共和国内地和台湾地区的快递服务。

2.1.6 国际快递服务 international express service

寄件人和收件人分别在中华人民共和国和其他国家或地区的快递服务。

2.2 快件

2.2.1 快件 express items

快递服务组织依法收寄并封装完好的信件和包裹等寄递物品的统称。

2.2.2 内件 contents

顾客寄递的信息载体和物品。

2.3 服务环节

2.3.1 收寄 pick up

收件

取件

快递服务组织接收快件、并收存寄件人填写的快递运单（2.4.1）的过程。

2.3.2 投递 delivery

派送

派件

快递服务组织将快件递送到收件人或指定地点并获得签收（2.3.3）的过程。

2.3.3　签收 sign in

顾客（收件人）验收快件并在快递运单等有效单据上签字的行为。

2.4　服务单据

2.4.1　快递运单 express waybill

快递详情单

用于记录快件原始收寄信息及服务约定的单据。

3. 总则

3.1　时效性

快件投递时间不应超出快递服务组织承诺的服务时限。

3.2　准确性

快递服务组织应将快件投递到约定的收件地址和收件人。

3.3　安全性

快递服务的安全性主要包括：

（1）快件不应对国家、组织、公民的安全构成危害。

（2）快递服务组织应通过各种安全措施保护快件和服务人员的安全，同时在向顾客提供服务时不应给对方造成危害。

（3）除依法配合国家安全、公安等机关需要外，快递服务组织不应泄漏和挪用寄件人、收件人和快件的相关信息。

3.4　方便性

快递服务组织在设置服务场所、安排营业时间、提供上门服务等方面应便于为顾客服务。

4. 组织

4.1　资质

4.1.1　法人资质

快递服务组织（总部）应具有工商行政管理机关注册登记的企业法人资质。

4.1.2　市场准入

依照国家相关的法律、法规，对快递等邮政业务实行市场准入制度。

4.1.3　人员资质

快递服务组织的岗位应根据快递作业组织和生产环节科学合理地进行设置，生产人员应符合相应的资格条件，取得相应的国家职业资格证书，持证上岗。

4.1.4　最低人数

快递服务组织及其分支机构的人员总和应不低于15人。

4.1.5　安全作业

快递服务组织应具备国家规定的安全作业条件。

4.2　经营理念

快递服务组织应建立服务社会、服务顾客的经营理念，围绕经营理念开展服务，并将组织的愿景、使命和价值观传递到每个员工。

4.3 社会责任

4.3.1 环保

快递服务组织应建立环保理念，在封装物、服务车辆、服务场所、工作环境等方面达到环保要求。

4.3.2 员工发展

快递服务组织应制定员工发展规划，提供相应的专业培训和职业技能培训，促进员工成长。

4.4 服务时限

快递服务时限指快递服务组织从收寄开始，到第一次投递的时间间隔。

除了与顾客有特殊约定（如偏远地区）外，服务时限应满足以下要求：

(1) 同城快递服务时限不超过24小时。

(2) 国内异地快递服务时限不超过72小时。

4.5 服务费用

4.5.1 告知

快递服务组织应在提供服务前告知顾客服务费用计算方式。

告知的内容应包括：

(1) 快递服务计费的起重及费用。

(2) 快递服务的续重及计费单价。

(3) 附加服务的费用。

4.5.2 重量计费原则

计费重量应取快件的实际重量和体积重量两者中的较大值。

4.5.3 服务费用设置原则

快递服务费用的制定应按照《价格法》的规定，遵循公平、合法、诚实、信用的原则。快递服务组织不应相互串通，操纵市场价格，损害其他经营者或者消费者的合法权益。

4.6 服务场所

4.6.1 作业场所

快递服务组织应具有封闭的、面积适宜的、配备监控设备和消防设施的作业场所。

4.6.2 营业场所

快递服务组织宜具有固定的、易识别的营业场所，如搬迁或停业应到邮政监管部门和工商管理部门办理变更手续，并通过各种渠道和有效方式告知顾客。

快递服务营业场所应有组织标识。

4.7 设备与设施

快递服务组织应具有与开办业务范围相适应的设备（如：计算机设备、通信设备、封装器械、办公设备等），并应定期维护更新。

计量器具应有国家计量检定合格证书。

运输工具应使用封闭式的运输车辆，车辆宜有组织标识。

4.8 信息管理

快递服务组织按照不同的服务内容，信息管理应满足以下要求：

（1）提供同城快递服务的组织应具备存储服务统计信息、顾客信息和投诉信息的设施，满足信息存储和查询的需要。

（2）提供国内异地、国际快递服务的组织还应具备计算机处理系统，能够提供覆盖服务范围的即时查询服务。

4.9 服务格式合同

快递运单为服务格式合同。

快递运单的格式条款应符合法律规定，体现公平、公正的原则，文字表述应真实、简洁、易懂。

快递运单的内容应包括：

（1）寄件人信息。主要包括：

—名称。

—单位。

—地址。

—联系电话。

（2）收件人信息。主要包括：

—名称。

—地址。

—单位。

—联系电话。

（3）快递服务组织信息。主要包括：

—名称。

—标识。

—联系电话。联系电话应稳定、有效，在发生变更时应及时通知有关消费者。

（4）快件信息。主要包括：

—品名。

—数量和重量。

—价值。

—封装形式。

（5）费用信息。主要包括：

—计费项目及金额。

—付款方式。

—是否保价（保险）及保价（保险）金额。

（6）时限信息。主要包括：

—收寄时间。

—投递时间。

（7）约定信息。主要包括：

—双方约定事项，包括产生争议后处理途径。

—寄件人对快递运单信息的确认。

(8) 背书信息。主要包括：

—查询方式与期限。

—顾客和快递服务组织双方权利与责任，包括顾客和快递服务组织产生争议后的解决途径：顾客可与快递服务组织协商、向消费者权益保护组织投诉、向行政部门申诉、向仲裁机构申请仲裁、向人民法院起诉等方式。

—赔偿的有关规定。

(9) 其他。

4.10　档案

4.10.1　档案的范围

快递服务组织应将运营过程中形成的各种记录进行分类、汇总、储存，形成档案，作为其经营管理的主要依据。

档案中各项记录的内容应真实、详细，能够记录快递服务组织和顾客之间的交易过程，确保双方的权益不受侵害。

4.10.2　档案的管理

收集的档案宜按照快递服务人员、顾客、业务、监控、财务、组织分别组卷。

快递服务组织宜采用现代信息技术，建立档案数据库，实现档案的计算机管理和查询服务。

4.10.3　档案的保存期限

快递运单的实物保存期限应不少于6个月，电子文档保存期限宜不少于1年。

其他档案的保存期限应满足相关法律法规要求。

4.11　沟通

4.11.1　顾客沟通

4.11.1.1　沟通渠道

快递服务组织应提供与顾客沟通的渠道，主要包括网络、电话、短信、信函等形式。

4.11.1.2　沟通内容

沟通内容应包括：

(1) 业务咨询。

(2) 业务受理。

(3) 快件查询。

(4) 顾客满意。

(5) 顾客投诉。

(6) 服务承诺。

其中，服务承诺应包括：

—服务时限的承诺，包括组织提供的各类服务的服务时限。

—有关赔偿的承诺，包括索赔因素、赔偿原则以及受理索赔期限。

—投诉处理承诺，包括投诉受理程序以及投诉处理时限。

—附加服务的承诺。

4.11.2　内部沟通

4.11.2.1　沟通渠道

内部沟通渠道应包括召开会议、布告栏和内部刊物、声像资料、互联网、信函等形式。

4.11.2.2　沟通内容

内部沟通的内容应包括：

(1) 组织的愿景、使命、价值观、发展方向和绩效目标。

(2) 顾客对服务技能、服务程序、服务质量等方面的要求。

(3) 快递服务人员对组织的要求和反馈。

(4) 组织管理者对快递服务人员的要求。

(5) 组织内各部门之间沟通。

5. 服务环节

5.1　收寄

5.1.1　收寄形式

收寄应主要包括上门收寄和营业场所收寄两种形式。

5.1.2　收寄要求

5.1.2.1　收寄时间

快递服务组织应在承诺的时限内提供收寄服务。

5.1.2.2　人员着装

负责收寄的快递服务人员应统一穿着具有组织标识的服装，并佩戴工号牌或胸卡。

5.1.2.3　询问与验视

快递服务人员应询问和验视内件的性质和种类：

—若是法律、法规规定禁寄物品，应拒收并向寄件人说明原因。

—若是限寄物品，应告知寄件人处理方法及附加费用。

—建议寄件人，贵重物品宜购买保价或保险服务。

寄件人应将交递快件的性质和种类告知快递服务人员。

5.1.2.4　封装

快件的封装形式有快递服务人员负责封装和寄件人自行封装两种。

封装时应防止快件：

—变形、破裂。

—伤害顾客、快递服务人员或其他人。

—污染或损毁其他快件。

5.1.2.5　重量与规格

快件的单件重量不宜超过50公斤。

快件的单件包装规格任何一边的长度不宜超过150厘米，长、宽、高三边长度之和不宜超过300厘米。

5.1.2.6　费用与单据

快递服务人员应告知寄件人服务费用。

快递服务人员应指导寄件人按照相关要求填写快递运单。

寄件人支付费用时，快递服务人员应将与服务费同等金额的发票交给寄件人。

5.2　投递

5.2.1　投递形式

投递形式应主要包括按名址面交和自取两种形式。

5.2.2　投递要求

5.2.2.1　投递时间

快递服务组织的投递时间应不超出向顾客承诺的服务时限或按照约定的时间投递。

5.2.2.2　人员着装

负责投递的快递服务人员应统一穿着具有组织标识的服装，并佩戴工号牌或胸卡。

5.2.2.3　投递次数

快递服务组织应对快件提供至少 2 次免费投递。

投递 2 次未能投交的快件，收件人仍需要快递服务组织投递的，快递服务组织可以收取额外费用，但应事先告知收件人费用标准。

5.2.2.4　快件签收

快件签收时满足以下要求：

—快递服务人员将快件交给收件人时，应有义务告知收件人当面验收快件。

—若收件人本人无法签收时，可与收件人（寄件人）沟通允许后，采用代收方式，快递服务人员也应告知代收人的代收责任。

—与寄件人或收件人另有约定的应从约定。

验收无异议后，验收人应确认签收。

拒绝签收的，验收人应在快递运单等有效单据上注明拒收的原因和时间，并签名。

5.2.2.5　费用与单据

签收人支付费用时，快递服务人员应将与服务费同等金额的发票交给签收人。

5.2.3　自取方式

自取方式主要适用于以下几种情况：

(1) 投递 2 次仍无法投递的快件，可由收件人到指定地点自取。

(2) 相关政府部门（如海关、公安等）提出要求的，可由收件人到指定地点自取。

(3) 收件地址属于尚未开通快递服务的区域，通过与寄件人协商，可采用收件人到指定地点自取的方式。

5.2.4　无法投递

快递服务组织应在投递前联系收件人，当出现快件无法投递情况时，采取以下措施：

(1) 出现首次无法投递时，快递服务组织应主动联系收件人，通知再次投递的时间及联系方法。

(2) 再次仍无法投递，可通知收件人采用自取的方式，并告知收件人自取的地点和工作时间；收件人仍需要快递服务组织投递的，应告知额外费用。

(3) 若联系不到收件人，快递服务组织应在彻底延误时限到达之前联系寄件人，协商处理办法和费用，主要包括：

—寄件人放弃快件的，应在快递服务组织的放弃快件声明上签字，快递服务组织凭函处理快件。

—寄件人需要将快件退回的，应支付退回的费用。

(4) 若联系不到收件人和寄件人，除不易保存的物品外，在对快件保存至少 3 个月后，快递服务组织可以按照相关规定处置快件。

5.2.4.1 彻底延误时限

彻底延误时限是指从快递服务组织承诺的服务时限到达之时算起，到顾客可以将快件视为丢失的时间间隔。

根据快递服务的类型，彻底延误时限应主要包括：

—同城快件为 3 个日历天。

—国内异地快件为 7 个日历天。

—港澳快件为 7 个日历天。

—台湾快件为 10 个日历天。

—国际快件为 10 个日历天。

5.3 查询

5.3.1 查询渠道

快递服务组织应向顾客提供电话或互联网等查询渠道。

5.3.2 查询内容

查询内容应包括快件当前所处服务环节及所在位置的查询服务。

对于国内异地、港澳、台湾、国际快递服务，快递服务组织宜提供全程跟踪的即时查询服务。

5.3.3 查询答复时限

对于通过互联网不能查找的快件，顾客电话查询时，快递服务组织应在 30 分钟内告知顾客，告知的内容应主要包括：

—快件所处的服务环节及所在位置。

—不能提供快件即时信息的，告知顾客彻底延误时限及索赔程序。

5.3.4 查询信息有效期

查询信息有效期应为快递服务组织收寄快件之日起 1 年内。

5.4 报关

国际快递服务可采用代理报关办法。

从事国际快递服务的快递服务组织可设立报关部门，根据有关规定向当地海关申请代理报关资格，办理代理报关业务，并配合海关对受海关监管的进出口国际快件实施查验放行工作。

顾客交寄的需施行卫生检疫或者动植物检疫的快件，应附有检疫证书。

5.5 内部处理

内部处理程序应包括信息处理、分拣、封发、运输、转运等环节。

快递服务组织的内部处理应确保快件安全，在运输、转运、投递等处理过程中，应采取措施禁止无关人员接触快件，禁止工作人员私拆、隐匿、毁弃快件，保证快件封装完好，并不断提高工作效率。

5.6　例外处理

5.6.1　撤回

5.6.1.1　撤回条件

寄件人撤回条件应主要包括：

(1) 同城和国内异地快递服务：快件尚未首次投递。

(2) 港澳和台湾快递服务：快件尚未出口验关。

(3) 国际快递服务：快件尚未出口验关。

5.6.1.2　撤回费用

寄件人在向快递服务组织提出撤回申请时，快递服务组织应告知寄件人需要承担撤回费用并告知费用标准。

6. 服务改进

6.1　基本原则

快递服务组织应对顾客满意及顾客投诉进行统计和分析，提高服务水平，达到不断改进服务质量的目的。

6.2　顾客满意

快递服务组织应测量顾客满意程度，发现顾客的潜在需求，改进服务质量。

快递服务组织应收集顾客满意信息，收集的方法主要包括：

(1) 向顾客发放问卷调查表。

(2) 直接与顾客沟通。

(3) 收集各种媒体的报告。

(4) 消费者权益保护组织反映的情况。

(5) 其他。

顾客满意的评价程序应包括：汇总顾客满意的信息，利用适当的统计技术进行分析处理，确定顾客的满意程度，找出提供的服务与顾客期望的差距并制定改进措施。

6.3　顾客投诉

6.3.1　投诉渠道

快递服务组织应当提供顾客投诉的渠道，主要包括网络、电话、信函等形式。

6.3.2　投诉有效期

快递服务组织受理投诉有效期应为收寄快件之日起 1 年内。

6.3.3　投诉受理

6.3.3.1　投诉信息

快递服务组织应记录如下信息：

(1) 投诉人的姓名、地址和联系方式。

(2) 投诉的理由、目的、要求。

（3）其他投诉细节。

快递服务组织在记录的过程中，应与投诉人核对信息，以保证信息的准确性。

6.3.3.2　投诉处理时限

投诉处理时限应指从快递服务组织记录投诉人投诉信息开始，到快递服务组织提出投诉处理方案的时间间隔。

快递服务组织除了与投诉人有特殊约定外，投诉处理时限应不超过：

（1）同城和国内异地快件为 30 个日历天。

（2）港澳和台湾快件为 30 个日历天。

（3）国际快件为 60 个日历天。

6.3.3.3　投诉处理

快递服务组织应对投诉信息进行分析并按照服务承诺进行处理。

6.3.4　投诉信息统计

快递服务组织应制定投诉处理表格，以便对投诉信息进行统计分析。

6.4　服务改进

根据顾客满意评价结果和投诉信息统计分析结果，快递服务组织应采取措施改进服务质量，措施应主要包括：

（1）树立持续进行服务改进的理念。

（2）规定内部人员的职责和权限，以识别服务改进的机会。

（3）确保改进过程的有效性和效率。

（4）管理者应对改进过程给予大力支持。

附录 A

（规范性附录）

赔偿

A.1　赔付对象

快件赔付的对象应为寄件人或寄件人指定的受益人。

A.2　索赔因素

索赔因素主要包括快件延误、丢失、损毁和内件不符。

其中：

（1）快件延误是指快件的投递时间超出快递服务组织承诺的服务时限，但尚未超出彻底延误时限。

（2）快件丢失是指快递服务组织在彻底延误时限到达时仍未能投递快件，与顾客有特殊约定的情况除外。

（3）快件损毁是指快递服务组织寄递快件时，由于快件封装不完整等原因，致使快件失去部分价值或全部价值。与顾客有特殊约定的情况除外。

（4）内件不符是指内件的品名、数量和重量与快递运单不符。

有下列情形之一的，快递服务组织可不负赔偿责任：

- 由于顾客的责任或者所寄物品本身的原因造成快件损失的。
- 由于不可抗力的原因造成损失的（保价快件除外）。

•顾客自交寄快件之日起满一年未查询又未提出赔偿要求的。

A.3 赔偿原则

快递服务组织与顾客之间有约定的应从约定，没有约定的可按以下原则执行。

A.3.1 快件延误

延误的赔偿应为免除本次服务费用（不含保价等附加费用）。

由于延误导致内件直接价值丧失，应按照快件丢失或损毁进行赔偿。

A.3.2 快件丢失

快件丢失赔偿应主要包括：

(1) 快件发生丢失时，免除本次服务费用（不含保价等附加费用）。

(2) 购买保价（保险）的快件，快递服务组织按照被保价（保险）金额进行赔偿。

(3) 对于没有购买保价（保险）的快件，按照邮政法、邮政法实施细则及相关规定办理。

A.3.3 快件损毁

快件损毁赔偿应主要包括：

(1) 完全损毁，指快件价值完全丧失，参照快件丢失赔偿的规定执行。

(2) 部分损毁，指快件价值部分丧失，依据快件丧失价值占总价值的比例，按照快件丢失赔偿额度的相同比例进行赔偿。

A.3.4 内件不符

内件不符赔偿应主要包括：

(1) 内件品名与寄件人填写品名不符，按照完全损毁赔偿。

(2) 内件品名相同，数量和重量不符，按照部分损毁赔偿。

A.4 受理索赔期限

快递服务组织受理索赔期限应为收寄快件之日起1年内。

A.5 索赔程序

A.5.1 索赔申告

寄件人在超出快递服务组织承诺的服务时限，并且不超出快件受理索赔期限内，可以依据索赔因素向快递服务组织提出索赔申告。快递服务组织应提供索赔申告单给寄件人，寄件人填写后递交给快递服务组织。

A.5.2 索赔受理

快递服务组织应在收到寄件人的索赔申告单24小时内答复寄件人，并告知寄件人索赔处理时限。

A.5.3 索赔处理时限

索赔处理时限指从快递服务组织就索赔申告答复寄件人开始，到快递服务组织提出赔偿方案的时间间隔。

快递服务组织除了与寄件人有特殊约定外，索赔处理时限应不超过：

(1) 同城和国内异地快件为30个日历天。

(2) 港澳和台湾快件为30个日历天。

(3) 国际快件为60个日历天。

A. 5. 4　赔金支付

快递服务组织与寄件人就赔偿数额达成一致后，应在 7 个日历天内向寄件人或寄件人指定的受益人支付赔金。

A. 5. 5　索赔争议的解决

寄件人与快递服务组织就是否赔偿、赔偿金额或赔金支付等问题可先行协商，协商不一致的，可依法选择投诉、申诉、仲裁、起诉等方式，如选择仲裁，应在收寄时约定仲裁地点和仲裁机构。

（注：本标准的附录 A 为规范性附录。本标准由国家邮政局提出并归口。本标准起草单位：中国标准化研究院。）